领导干部新文风

洪向华/主编

人民出版社

出 版 说 明

　　文风不是小事。党风决定着文风,文风体现着党风。习近平同志高度重视文风问题,指出文风改进永远在路上。2010年5月,习近平同志在中央党校春季学期第二批入学学员开学典礼上的讲话中专门论述了领导干部如何克服"长、空、假"的不良文风,倡导"短、实、新"的优良文风的问题。党的十八大以来,以习近平同志为核心的党中央高度重视文风问题,把改文风列为作风建设的重要内容,中央八项规定,改进文风就是其中一项。2023年6月,习近平总书记在内蒙古巴彦淖尔考察时强调,科研工作者要把论文写在大地上,把实践中形成的真知变成论文,当党和人民需要的真博士、真专家。

　　习近平同志强调指出:"党的历史经验证明,文风不正,危害极大。它严重影响真抓实干、影响执政成效,耗费大量时间和精力,耽误实际矛盾和问题的研究解决。不良文风蔓延开来,不仅损害讲话者、为文者自身形象,也降低党的威信,导致干部脱离群众,群众疏远干部,使党的理论和路线方针政策在群众中失去吸引力、感召力、亲和力。可以说,一切不良文风都是不符合党的性质、宗旨的,都是同党肩负的历史使命相背离的。大力纠正不良文风,积极倡导优良文风,已成为新形势下加强和改进党的作风建设一项重要任务。"①

---

① 习近平:《努力克服不良文风,积极倡导优良文风》,《求是》2010年第10期。

　　为了帮助广大的领导干部更好地纠正不良文风,积极倡导优良文风,我们组织编写了《领导干部新文风》一书。全书以习近平总书记关于文风的重要论述为指导,辅以生动的范例,深入浅出地论述了新时代领导干部如何身体力行、勉力而为,克服"长""空""假"的恶劣文风,提倡"短""实""新"的清新文风,真正使讲短话、讲实话、讲新话蔚然成风。

目 录

第一章　领导干部文风不是小事

党的十七届四中全会明确提出："从领导机关做起,大力整治文风会风,提倡开短会、讲短话、讲管用的话,力戒空话套话。"2010 年习近平同志在中央党校春季学期第二批入学学员开学典礼上的讲话中指出,领导干部要"努力克服不良文风,积极倡导优良文风。文风不是小事。党风决定着文风,文风体现着党风。人们从文风状况中可以判断党的作风,评价党的形象,进而观察党的宗旨的贯彻落实情况。"党的十八大以来,习近平总书记在多次讲话中都提出纠正不良文风,倡导优良文风问题。党的领导干部中,有不少是思想理论战线的骨干,讲话、写文章、参与文件起草,工作中都会遇到文风问题。

一、党风决定着文风，文风体现着党风

党风，也称为党的风格或党的作风，它包括思想作风、政治作风、工作作风、生活作风等。马克思、恩格斯在 1847 年提出建立独立的无产阶级政党的理论时，就包含了树立优良革命品德作风的丰富思想。而明确提出"党风"这一概念的则是毛泽东，并且毛泽东还深刻分析了党风与文风的紧密联系。毛泽东同志指出："学风和文风也都是党的作风，都是党风。"党风和文风的关系，就好像经济基础和上层建筑的关系一样，党风决定文风，文风对党风有促进作用。也就是说，只有坚持优良的党风，才能形成良好的文风。

（一）党风是文风的基础，决定着文风

党风决定着文风，党风是文风的基础。文风的好坏，不是单纯的讲话、写文章、写文件的风格问题，文风还体现着党的作风。广大人民群众也是通过文风来观察、洞悉文风的，进而决定了他们对执行党的路线、方针、政策的态度。树立良好的文风，必须从端正党风入手。

党风这一概念是毛泽东在 1942 年 2 月在中共中央党校开学典礼上所作的《整顿党的作风》的报告中提出来的。党风有广义和狭义之分。从狭义上讲，党风主要是在党的组织路线上表现出来的风气。毛泽东在延安整风中提出来的整顿党风，主要就是整顿党内的组织风气，即整顿党内存在的宗派主义问题。他指出党内的宗派主义残余妨碍党内的统一和团结，妨碍党团结全国人民的事业。经过延安整风，纠正了党内存在的这种宗派主义残余，团结了全党和全国人民，赢得了抗日战争和全国革命的胜利。从狭义上讲，党风指的是党的活动中一贯表现出来的态度和行为，是党的性质、宗旨和世界观在党的活动中的表现。我们现在讲的党风，一般指的是广义上的概念。毛泽东在《整顿党的作风》一文中，把作风由党员个人的形象扩展到党组织的整体形象，把

作风由一般工作作风推广到政治、思想、组织、生活等各个方面。1945年 4 月，毛泽东在中共七大报告中对党的工作作风作了高度的理论概括，第一次提出了党的三大作风，即理论联系实际、密切联系群众、批评与自我批评的作风，并深刻指出三大优良作风是中国共产党区别于其他任何政党的显著标志。在新中国成立前夕和新中国成立后，中国共产党要实现由革命党向执政党的历史转变，鉴于此，毛泽东提出"两个务必"，即继续务必保持谦虚谨慎不骄不躁的作风、务必保持艰苦奋斗的作风，还要注意警惕资产阶级思想的侵蚀，反对脱离群众的官僚主义，反对铺张浪费、追求特权、贪图享受、摆官架子等一切不良作风。党的十一届三中全会以来，我们党又进一步将执政党的作风问题提高到了"有关党生死存亡"的高度。在改革开放和社会主义市场经济条件下，由于经济利益的冲击、价值观念的多元化，党风问题越来越成为党的建设的突出问题。正如陈云所言："执政党的党风问题是有关党的生死存亡的问题，因此，党风问题必须抓紧搞，永远搞。"党的十七大报告再一次强调："优良的党风是凝聚党心民心的巨大力量。""要切实改进党的作风。"党的十八大以后，以习近平同志为核心的党中央及时作出改进工作作风、密切联系群众的八项规定，把党风廉政建设提到关乎党的生死存亡的高度。党的十九大以后，中央政治局审议通过《中共中央政治局贯彻落实中央八项规定的实施细则》。党的二十大以后，中央政治局审议通过《中央政治局贯彻落实中央八项规定实施细则》，这说明作风建设永远在路上。我们党在革命、改革、建设的历史进程中形成了许多优良党风，比如理论联系实际、实事求是、始终代表最广大人民群众的利益、全心全意为人民服务、坚持正确的方向、坚持批评与自我批评等。当然这些优良的党风为文风奠定了坚实的基础。这些优良的党风体现在文风上，就是要坚持正确的出发点，始终代表群众的利益；把握正确的方向，坚持实事求是研究问题的方法；学会实事求是，具体问题具体分析，在批评与自我批评中不断完善和提升自我。

（二）文风体现着党风，党风问题通过文风表现出来

文风是学风的一种表现形式，也是党风的一种表现形式。文风是党风学风建设的直接反映。在当今时代，文风是一个重大问题。实际上，很多人尤其是一些领导干部并没有认真思考过转变文风这个问题，也从来没有意识到自己存在或多或少的文风问题，更不去想文风中的问题是怎样形成的。好的文风，有利于形成好的从政环境。坏的文风破坏力很大，甚至直接危及党的执政能力。在实际工作中，有的领导讲话大话、假话、套话连篇，严重偏离主题，说不清楚中心思想，长此以往造成群众不愿意听领导讲话；有的领导干部喜欢一本正经地念稿子、作报告，表面上展示了"领导范儿"，无论发表文章，还是工作汇报，无论是座谈会发言，还是活动致辞，都过分依赖秘书起草稿子，离开稿子就不敢说话、说不出话、不会说话，实际上这样的发言产生不了任何正能量，只能给工作造成负面影响，对于工作和事业没有一点益处；有的写稿子、写论文，没有经过深入的调查研究，不在文章上下苦功夫，而是闭门造车、投机取巧、偷工减料，从报刊、网络、书本上拷贝复制、抄袭造假，更有甚者直接把别人的文章改头换面，变成自己的稿子，变成自己的研究成果，这就在社会上造成极为恶劣的影响。有些机关平时大会小会不断，会议材料堆得几尺高，会议开完后就开始大吃大喝，严重铺张浪费，开会时甚至动不动就用警车开道，严重影响了老百姓的日常出行，使得老百姓越来越反感和厌恶；还有的领导干部把讲长话、大话、套话、假话，抄袭作假仅仅看作一般的工作方法问题；也有的对此已经习以为常、见怪不怪了，不但没有反对这种做法，还跟着学、照着做，从而导致不良文风在一些单位蔓延开来并有越演越烈的趋势，成为领导工作领域的一大"顽疾"。

对于不良文风现象，我们党的几代领导核心非常重视并提出了不同的解决措施。不论是在战争年代还是在和平建设、改革开放时期，我们党都非常重视文风建设问题，大力倡导培养和弘扬马克思主义优良文风，反复强调各级领导干部要坚持实事求是、大兴求真务实之风，

下决心摆脱"党八股"的束缚,从文山会海中解脱出来,把精力和心思用在干事业上,用在抓贯彻落实中。党的十八大报告强调:"坚持艰苦奋斗、勤俭节约,下决心改进文风会风,着力整治庸懒散奢等不良风气,坚决克服形式主义、官僚主义,以优良党风凝聚党心民心、带动政风民风。"党的十九大报告强调要弘扬马克思主义学风。党的二十大报告强调重点纠治形式主义、官僚主义。历史和实践一再证明,文风不正,危害极大。如果任凭不良文风蔓延开来,不加纠正和控制的话,必然会降低我们的威信,严重侵蚀党的作风,损害领导干部的形象,造成领导干部在群众中失去吸引力和感召力,进而严重脱离群众的恶劣后果。

(三)端正党风是改进文风的根本和目的

习近平同志多次强调文风的重要性,指出文风问题上下都有,但文风改不改,关键在领导。这里的领导,主要是领导干部。党风是通过每一名党员干部的作风体现出来的。每一名党员干部的作风端正了,党风就端正了,文风也就随之改进了。因此,领导干部要高度重视作风建设,并把作风建设作为端正党风、改进文风的重点来抓。

领导干部改进文风需要树立正确的政绩观。从当前领导干部的中出现的不良文风来看,文风上出现的问题,大部分都是由领导干部政绩观出现偏差造成的。比如,有的领导干部以文电、会议的多少来衡量政绩的大小,以文稿、讲话的长短来衡量领导水平的高低。这种错误的政绩观,往往促使一些领导和机关人员把功夫下在开会和准备开会、讲话和准备讲话上,这样就会造成领导机关的会越开越多、文章越写越长、讲话越讲越空,进而形成了不良的作风、文风和党风。鉴于此,领导干部要改进文风,就必须树立正确的政绩观,在办文、办会以及讲话作报告时,必须树立正确的指导思想,要把精力和心思放在贯彻落实上,要把有利于建设和提高工作水平、符合人民群众利益的事情办好,而且要竭尽所能地办好。只有树立良好的政绩观,才能在实际工作中不断形成并发扬良好的文风。

领导干部改进文风需要树立正确的群众观。在领导活动领域,领导干部往往高高在上,对群众缺乏足够的了解,严重脱离群众的实际,对具体情况把握不准,也不考虑群众愿不愿意听会听讲话、愿不愿意看文稿文件,不去考虑群众的情绪、接受程度和具体需求,本来有时候很好理解的问题却在群众面前花费很大力气很多功夫反反复复地讲,不把群众当回事,生怕群众听不明白。还有的领导干部"唯会是举",把开会看得重于一切,而真正要开起会来,却又花很多功夫让下属代写文稿,下属写什么领导就念什么,下属写多长领导就念多长。由此看来,领导干部要带头改进文风,就必须树立正确的群众观,要经常深入实际了解群众的需求,倾听群众的呼声,真正关心群众的利益,帮助群众解决现实困难摆脱生活困境。领导干部一定要下决心带头精简会议文件,压缩讲话内容,对必须要开的会也要力求缩短时间,要把话讲得实在一些,要把材料写得精简一些,只有这样才能做到去空话讲实话,去陈言讲新话。

领导干部改进文风需要树立实事求是的观念。坚持实事求是,一切从实际出发,才能够更好地克服形式主义的弊端,才能够让开短会、讲实话、写短文的良好文风持续盛行。习近平同志在主政地方的时候,写作了《摆脱贫困》《之江新语》等作品,从这些早期作品就可以看出,习近平的讲话和文章短小精悍、重点突出、具有"短""实""新"的文风,可以说是领导干部带头弘扬良好文风的典范。党的十八大以来,以习近平同志为核心的党中央带头改进文风,目的就是通过改进文风来端正党风,从而使党永葆实事求是的作风、全心全意为人民服务的作风。①

二、不良文风之表现:长、空、假

当前,在一些党政机关文件、一些领导干部讲话、一些理论文章中,文风上存在的问题仍然很突出,主要表现为长、空、假。

---

① 参见徐元鸿:《毛泽东文风》,中央文献出版社2013年版,第203—207页。

（一）不良文风表现之一：长

长，就是有意无意地将文章、讲话添枝加叶，短话长说，看似面面俱到，实则离题万里。群众形容说，这样的讲话有数量无质量，有长度无力度；这样的讲话汇集的书，有价格无价值，有厚度无深度。中国古代的思想家庄子说过，野鸭子的腿虽短，接上一截则忧；仙鹤的腿虽长，截去一段则悲。习近平同志曾引用庄子的这句话，警告人们现在把"鸭子的腿加长"的文章太多了。长而空的文章、讲话，云里雾里、洋洋洒洒、叠床架屋、滔滔不绝，其实却是"西瓜大的壳，芝麻大的核"。讲话写文章要言之有物。"长而转换新意，不害其长；短而曲折意尽，不害其短。"空洞无物、画蛇添足、滥竽充数，一百字也嫌多，一分钟也嫌长。①

1. 讲长话

不知什么时候起，有些领导干部养成了爱讲长话的毛病。不分时间、不分场合、不分话题，开口便是长篇大论。时间是越讲越长，新意是越讲越少，套话是越讲越多，群众是越听越烦。其结果，是把简单的问题给说复杂了，把明白的问题给说糊涂了。1992 年，邓小平同志在一次谈话中就指出了这一问题："现在有一个问题，就是形式主义多。电视一打开，尽是会议。会议多，文章太长，讲话也太长，而且内容重复，新的语言并不很多。要腾出时间来多办实事，多做少说。"②有的人讲话，生怕别人听不明白，车轱辘话反复讲，结果，只能导致听众讨厌。贪大求长。一千字能说明的问题非要写到五千字、一万字以上，难免会空话连篇，"干"货少，我们看到有的讲话稿或者报告游离主题、不知所云，拖泥带水、东拼西凑，让人不胜其烦。毛泽东当年痛斥党八股的第一条罪状就是空话连篇、言之无物，像懒婆娘的裹脚布，又长又臭。③

---

① 参见中共中央宣传部新闻局：《改文风大家谈》，学习出版社 2013 年版，第 14 页。
② 刘玉瑛：《与领导干部谈作风》，新华出版社 2013 年版，第 83 页。
③ 王燕霞：《秘书不良文风盘点与纠治》，《领导之友》2015 年第 9 期。

春秋时期,子禽问老师墨子:"先生,多说话到底有没有好处?"墨子回答说:"话要是说得太多,好比池塘里的青蛙,整天整夜地叫着叫着,弄得口干舌燥,却从来没人去注意它,这有什么益处?但是公鸡只在天亮时叫几声,大家就知道天亮了,都很留意它。所以说话不在多,而在说得有用处。"墨子的话说得非常形象、十分生动。的确,"言不在多,达意则灵"。①

2. 开长会

毋庸置疑,会议多,而且开会时间长,是中国领导活动领域的一大特色。中国当前的会议形式大概有如下类型:灌输式会议、应付式会议、推诿式会议、方程式会议。国家管网集团被通报,2022年开会800多次,平均每个工作日超过3次。2023年某下属公司参加集团及各部门各单位会议280次,平均每个工作日都有会。事实上,中国领导活动领域不仅会议多,不起作用的会议多,而且会议开的时间长,有事没事就开一天的会。

3. 写长文

有人不仅喜欢讲长话,还喜欢写长文。"米不够,拿水凑"。文章里面掺有太多的"水分",篇章自然冗长,多是废话连篇。结果,连那可怜的几粒米也捞不到。因此,要想使文章、讲话简明扼要,没有空话、废话,就得挤干净"水分"。② 不论什么公文,好像文字越多,工作就干得越多。只有各部门都提到才够全面。很多单位年底的年终总结长的15000字,最短的也有5000多字,要看完这些总结,不仅给上级领导工作带来不小的负担,而且在冗长的文字中内容繁杂,面面俱到,也体现不出工作的中心重点。有的文件中堆砌罗列、繁文缛节的现象比较严重,往往出现没有实质区别的同义反复,或做一件事恨不得天下好处都占尽,大量罗列空头目的句。如《××省人民政府办公厅关于精简省

---

① 参见刘玉瑛:《与领导干部谈作风》,新华出版社2013年版,第86—87页。
② 参见刘玉瑛:《与领导干部谈作风》,新华出版社2013年版,第90页。

政府文件规范文书处理工作有关问题的通知》,这一通知开头的目的句是"为进一步规范省政府的文书处理工作,精简省政府(含省政府办公厅)文件,充分发挥省政府各部门的职能作用,改进领导作风和工作作风,克服官僚主义、形式主义、文牍主义,提高政府行政效能和办事效率",其中"进一步……,精简省政府(含省政府办公厅)文件"两个分句实为意图,应从目的句中剔除。再如其中的"充分……"句与"提高……"句,"改进……"句与"克服……"句,均二者留一即可。①

(二)不良文风表现之二:空

空,就是空话、套话多。照抄照搬、移花接木,面孔大同小异,语言上下雷同,没有针对性,既不触及实际问题,也不回答群众关切,如同镜中之花,没味、没用。

长篇大论,空洞无物。写这样的文章的作者由于"地位特殊",往往是自以为比读者高明,觉得自己是天生的"马克思主义教育者",而群众则是需要"争取"的对象。于是,就必须把尽量多的"马克思主义理论"灌输给一般群众,尽量使读者多接受自己的一些"训导"。而读者往往是一见到这样空洞无物的长篇大论,就没有"勇气"读下去了。②另外,还有的领导不管目的、不看对象、不分场合、写同样的发言稿,官话、套话堆积。在文中习惯用"在上级……的正确领导下,经过同志们的共同努力……"或"通过学习……提高了……取得了……"等套话;对本单位、本部门情况的评价,常用"成绩是肯定的,问题是存在的……"等官话、套话。这种写作方式实际上是用概念化语言取代鲜活生动的表达。不对具体问题进行具体分析,不触及实际情况,不回答群众关切的问题,不提出有针对性的措施,脱离实际。满篇全是"正确的废话,漂亮的空话,严谨的套话"。

---

① 参见吴新元:《"四清":克服不良文风的四条有效对策》,《档案学通讯》2013年第2期。
② 参见宋惠昌:《不良文风的4种表现》,《求知》2005年第5期。

　　套话连篇,千篇一律。不管目的、不看对象、不分场合、不问效果,言必讲同样的话,套话成了讲话、文章中的必不可少的东西。有媒体最近公开征集群众最反感的官话套话,"高度重视""亲自过问""积极应对""全力确保"等榜上有名。这些话语本身并没有什么不好,人们之所以反感,是因为这些话已经成了套话。落入套话陷阱里的人,讲虚话不讲管用的话,讲无病呻吟的话不讲有感而发的话,讲照本宣科的话不讲反映自己判断的话,讲脱离实际的话,不讲符合实际的话。千篇一律的话是思想的偷懒。文件、文章、讲话几乎千篇一律,从"提高认识"开始,到"加强领导"结束,地方文件抄中央文件,下级讲话抄上级讲话,讲话没有不重要的,领导没有不重视的,群众没有不满意的,决策没有不英明的,贯彻没有不彻底的,成就没有不巨大的。群众还批评公式化的文章、讲话"常说的老话多,正确的废话多,漂亮的空话多,严谨的套话多,违心的假话多"。①

　　1938 年 10 月,毛泽东在中共中央六届六中全会上作《中国共产党在民族战争中的地位》报告中,提出中国特色的文风建设中,"洋八股必须废止,空洞抽象的调头必须少唱,教条主义必须休息,而代之以新鲜活泼为中国老百姓所喜闻乐见的中国作风和中国气派"。毛泽东于1937 年 6 月在延安党内首先使用"党八股"一词表达反对党八股的思想,从此坚定不移,一直到 1955 年 12 月还在使用。有时也不使用"党八股"表达对党八股文风的不满。如 1958 年 9 月 2 日,他在给主管国家工业部门的几位领导同志的信中,批评某工业文件仅将一些观点凑合起来,不分析工业内部的联系,缺辩证逻辑,也不懂形式逻辑,准确性和鲜明性都看不见,更无高屋建瓴势如破竹之态。他生气地写道:"讲了一万次了,依然纹风不动,灵台如花冈之岩,笔下若玄冰之冻。哪一年,稍稍松劲一点,使读者感觉有些春意,因而免于早上天堂,略为延长一年、两年寿命?"这是继《高潮》按语之后,对文风问题最尖锐的一次

---

① 中共中央宣传部新闻局:《改文风大家谈》,学习出版社 2013 年版,第 26—27 页。

批评。正因为毛泽东坚定不移反对党八股，常抓不懈建设新文风，他被当代著名散文家梁衡称为"文章大家"，一辈子都在与"党八股"的坏文风作斗争。

空话、套话、公式化的文风从何而来？根本的还在于内容的贫乏。内容空洞，才要装腔作势，借以吓人，才要甲乙丙丁开中药铺，绕来绕去。文章、讲话受不受欢迎，不在于长与短，就像毛泽东同志所言："长而空不好，短而空就好吗？也不好。"我们反对的是空话连篇、言之无物的八股调，不是说任何东西都以短为好。所以，改文风如果只着眼于形式，那是远远不够的，是舍本求末的。

（三）不良文风表现之三：假

假，就是夸大其词，言不由衷，虚与委蛇，文过饰非。不顾客观情况，刻意掩盖存在的问题，夸大其词，歌功颂德。堆砌辞藻，词语生涩，让人听不懂、看不懂。作为腐朽文风表现形式的假话、大话、空话、套话等弊病，在现实中是紧密联系在一起的，其中"假话"是核心。所以说，整治不良文风，关键是坚持说真话，不说假话，这可以说是培养马克思主义优良文风的一个基本功。①

1. 言不符实

说话者所传递出的信息不能真实反映客观实际。或者夸大，或者缩小，或者无中生有，或者避实就虚。好大喜功，虚报冒领。热衷于将自己或所属单位的工作掺水，拔高，大胆"提炼"，"合理"总结，蒙蔽读者，欺骗领导；吹得天花乱坠，坑得继任者和老百姓苦不堪言。不爱学习，不善于思考，又要装潢门面，"提升层次"；有的不从政治上把关，不从学术上导向，热衷于挂挂空名主编书籍；有的把别人的观点和警句"拿来"，其实是生吞活剥、改头换面，还大言不惭为深思熟虑，独有所悟。

---

① 参见宋惠昌：《整治不良文风关键是说真话》，《解放日报》2010 年 6 月 7 日。

2. 言行不一

说一套,做一套。说与做分离,口言善,而身行恶。道听途说,子虚乌有。为了印证论点,就把传言当事实,或者见风就是雨,需要充实论据,则把个别当作一般,或干脆凭空捏造。更有甚者,极个别人为了达到不可告人的目的,效仿西方竞选办法,利用各种传媒或自身占据的讲台,攻击竞争对手,以期将其拖垮、搞臭。

3. 口是心非

嘴上说得冠冕堂皇,但心里想的却是另一套。投其所好,吹吹拍拍。揣摩领导心理,琢磨上司需求,言不由衷地评功摆好,牵强附会地歌功颂德,聊表忠心,获取好感。即使在党内民主生活会等严肃庄重的场合,也极尽阿谀奉承之能事,把领导者"不注重身体""不追求升迁""不关照家庭"和"不念及私情"等作为批评的用词,在领导面前献媚贴金。

4. 轻诺寡信

随意做出承诺,却不履行自己所做的言语保证。遮遮掩掩,瞒天过海。对于工作中出现的问题和矛盾,大事化小,小事化了,不能回避则闪烁其词,刻意掩饰。有的甚至对中央三令五申必须及时、准确向上报告灾情、疫情、群体性事件等紧急突发事件也瞒着、压着不报。①

为什么要说假话,不说真话?这是由多方面的原因造成的。既有历史原因,也有现实原因;既有说话人的原因,也有听话人的原因。从历史上而言,秦二世就有指鹿为马;兴起于唐宋,盛行于明清的八股文,以及为求取或保住官职和俸禄而写的"千禄文",也大多是笔头与心头分离之作。1958年的"大跃进",以及后来的"文化大革命",更是"一级糊弄一级,一直糊弄到毛主席"。这种口头与心头分离的话风、笔头与心头分离的文风,对我国后世影响非常之大,也非常之坏。从现实上看,不完善的干部考核和任用制度,也"迫使"一些干部言实不符,弄虚

① 参见王文选:《党内不良文风种种》,《红旗文稿》2004年第13期。

12

作假。一些干部为了职位的升迁,不惜违背党性和良知,大搞"政绩秀"。也就是形成了"官出数字,数字出官"的恶性循环。从说话人本身来看,说话除了迫于"压力"之外,主要是私利作祟。一些人为了获取好处,便吹嘘成绩,掩盖问题。或者对成绩夸大其词,无中生有;对问题避实就虚,避重就轻。从听话人的情况看,有的领导作风不民主,不让下属讲真话;有的是虚伪,不喜欢听真话。①

对于说假话,我们党历来深恶痛绝。早在1945年4月,毛泽东同志就说过,"要讲真话,不偷、不装、不吹。偷就是偷东西,装就是装样子,猪鼻子里插大葱——装象,吹就是吹牛皮。讲真话,每个普通的人应该如此,每个共产党员更应该如此。"1959年,毛泽东同志又告诫全党:"一切大话、高调,切不可讲,讲就是十分危险的。"邓小平同志也反复强调:"要敢讲真话,反对说假话,不务虚名,多做实事。"江泽民同志继承了老一辈无产阶级革命家实事求是的革命传统,将"坚持说老实话,办老实事,做老实人"作为全体党员,首先是各级领导干部的基本要求,提到了全党面前。胡锦涛同志不仅要求全党同志要讲真话,讲实话,以诚实守信为荣,他自己更是喜欢听真话,听实话。2006年5月12日,胡锦涛来到西双版纳州景洪市山乡扎吕村,看望这里的基诺族群众。他在跟村里的乡亲们座谈时,诚恳地说,"希望听到大家的心里话……"群众的心里话,就是真话,就是实话。2012年5月16日,中央党校春季学期第二批入学学员举行开学典礼。在开学典礼上,习近平同志发表了重要讲话。他指出:讲真话,是一个领导干部真理在身、正义在手和有公心、有正气的重要体现。习近平总书记在2024年春季学期中央党校(国家行政学院)中青年干部培训班开班之际作出重要指示,其中他强调指出,说老实话、办老实事、做老实人。

---

① 参见刘玉瑛:《与领导干部谈作风》,新华出版社2013年版,第77—78页。

三、领导干部新文风:短、实、新

提倡什么,反对什么,是改进文风的首要问题。针对上面所说的不良文风的三个字,习近平同志明确提出三个字,就是短、实、新。准确领会中央关于改进文风的要求,辩证地把握"短、实、新"的关系。短、新,以实为依托,要坚持内容决定形式,宜短则短,宜长则长;实又靠短、新来实现,离开了短、新,实就有可能变成大而无当的不良文风。短,当然有数字的限制。目前从中央到地方对会议新闻和领导活动报道的篇幅都有明确要求,表明各级党委对改进不良文风的决心,对于驱除文风流弊很有必要。但不能片面理解"短"的内涵,从一个极端走向另一个极端,凡事都搞一刀切,只管短而不管新、实,降低文风格调,以致言不达意,短而无当,那将陷入新的形式主义泥潭。①

(一)领导干部新文风之一:短

"短",就是要力求简短精炼、直截了当,要言不烦、意尽言止,观点鲜明、重点突出。能够三言两语说清楚的事绝不拖泥带水,能够用短小篇幅阐明的道理绝不绕弯子。古人说"删繁就简三秋树",讲的就是这个意思。② 有人认为,文章写得越长越有水平,这是一种误解。其实,文章越短越难写,越短要求越高。古人说的"博观而约取,厚积而薄发",就是这个道理。《师说》《六国论》,只有几百字,不都写得很精辟、很透彻吗?

1. 提倡干部说短话,是我们党的优良传统

毛泽东、邓小平同志都喜欢说短话。毛泽东同志为人民英雄纪念碑起草的碑文,只有 114 个字,却反映了一部中国近代史。1975 年,邓小平

---

① 参见中共中央宣传部新闻局:《改文风大家谈》,学习出版社 2013 年版,第 222— 223 页。

② 参见《习近平党校十九讲》,中共中央党校出版社 2014 年版,第 200 页。

同志负责起草周恩来总理在四届全国人大一次会议上的报告,只用了五千字。后来谈到这件事的时候,邓小平同志说:"毛主席指定我负责起草,要求不得超过五千字,我完成了任务。五千字,不是也很管用吗?"邓小平同志就是说短话的典范。他的女儿邓榕问他:"长征的时候您都干了什么工作?"他回答:"跟着走。"问他在太行山时期都做了些什么事?他回答:"吃苦。"在评价刘邓大军的辉煌战史的时候,还是两个字:"合格。"1973 年 2 月,邓小平同志从江西下放地回北京,毛泽东第一次召见他,开口就问:"你在江西这么多年做什么?"邓小平只用两个字回答:"等待。"加拿大总理特鲁多问他三落三起、终能重返政治舞台的秘诀是什么? 他的回答还是两个字:"忍耐。"1985 年 7 月,来访的特立尼达和多巴哥总理钱伯斯向邓小平请教长寿秘诀,邓小平回答道:"忍耐。"①

江泽民同志和胡锦涛同志也有许多短小精悍、言简意赅、思想深刻的文章、讲话。鲁迅先生说过,文章写完至少看两遍,竭力将可有可无的字、句、段删去,毫不可惜。现在,不少地方和部门按照中央改进文风会风的要求,提出以"能少则少、能短则短、能精则精、能简则简"为原则,尽可能开短会、讲短话、发短文。这"三短",就是我们应当大力倡导的风气。

2012 年 11 月 15 日,新一届中央政治局常委与中外记者见面时的情景,想必大家至今仍历历在目。新当选的中共中央总书记习近平在发表演讲前微笑着向大家致歉:"让大家久等了。"看似不经意的一句话,一下子让记者会场的气氛轻松起来,也让世界感到清风扑面。习近平总书记首次公开讲话,场合当然很重要了,主题也非常重要,但通篇提炼成"对民族的责任、对人民的责任、对党的责任"3 个重大责任,文字控制在 1500 多字。整篇文章很短,是否显得不够分量? 是否会降低宣传效果? 习近平总书记的讲话在海内外引起强烈反响,这就是答案。实际上,越短的文章往往越具有张力,就越能体现"文虽尽、

---

① 参见刘玉瑛:《与领导干部谈作风》,新华出版社 2013 年版,第 83—84 页。

意无穷"的效果。

2. 正确看待文风的"长"和"短"

随着社会节奏的不断加快,人们阅读时间和视听习惯发生了明显变化,微博、微信、QQ、抖音等社交媒体井喷发展,更要提倡写短文、说短话。当然,领导干部讲话、写文章视具体实际情况而定,能短则短,需长则长。当前领导干部的文风主要倾向还是长,要把减肥、瘦身、挤水分作为改进文风的主要任务,下大力气把报道篇幅压下来。当然,也不是说长文章一概不好。有内容、有见解的长文章,人们也是喜欢读的。要坚持内容决定形式,有些非长不可、篇幅短说不明白的事情则可以长些。古代中国简短的好文风比比皆是。西晋文学家陆机说:"立片言而居要,乃一篇之警策。"说明文章长短要视具体情况而定,宜短则短,宜长则长。

文章就是要言简意赅,能短则短。时下一些人喜欢无病呻吟,硬是要把简单的事说得很复杂,似乎文章不长就显示不了水平。恰恰复杂的事情简单说需要能耐。妙言至径,大道至简。《邓小平文选》第三卷,共收录 119 篇文稿,平均每篇 2300 字左右,其中 1000 字以下的文稿有 68 篇,占总数的一半以上。其中有好多经典的语句:"不管黑猫白猫,捉住老鼠就是好猫。""摸着石头过河。""两手抓,两手都要硬。""贫穷不是社会主义。"基辛格在《论中国》一书中说:"在习惯了毛泽东的哲学宏论和形象比喻,以及周恩来儒雅庄重的职业精神之后,面对邓小平言语辛辣和单刀直入的作风,偶尔犀利反讽的插话,不喜欢空谈理论而喜欢着眼于极度实际问题时,我花了相当一段时间才把自己调整过来。"《习近平谈治国理政》中,短文章居多,最短的不足 300 字。在《实现中华民族伟大复兴是中华民族近代以来最伟大的梦想》中,习近平总书记只用了三句话就概括了中华民族的昨天、今天与明天:"中华民族的昨天,可以说是'雄关漫道真如铁';中华民族的今天,正可谓'人间正道是沧桑';中华民族的明天,可以说是'长风破浪会有时'。"体现出了跨越时空、跨越思维的简约之美。"回首过去,全党同志必须牢记,落后就要挨打,发展才能自强。审视现在,全党同志必须牢记,道路决定命运,找到一条正确的道路多么不容易,我们必须坚定不移走下去。展望未来,全党同志必须牢记,要把蓝图变为现实,还有很长的路要走,需要我们付出长期艰苦的努力。"简洁明了地阐述了对待昨天、今天、明天应有的正确态度。《在实现中国梦的生动实践中放飞青春梦想》中,也只用了三句话就说清楚了中国梦的内涵:"中国梦是历史的、现实的,也是未来的。""中国梦是国家的、民族的,也是每一个中国人的。""中国梦是我们的,更是你们青年一代的。"在谈到要深入抓好作风建设时,习近平总书记提出了三句话要求:抓常,抓细,抓长。抓常,就是要经常抓、见常态。抓细,就是要深入抓、见实效。抓长,就是要持久抓、见长效。在谈到把权力关进制度的笼子里时,习近平总书记高度概括,提出要形成不敢腐的惩戒机制,不能腐的防范机制,不易腐的保障机制。习近平总书记只用12个字就概括了中国梦的本质:"国家富强,民族振兴,人民幸福。"用20个字就说清了好干部的标准:"信念坚定,为民服务,勤政务实,敢于担当,清正廉洁。"在开展党的群众路线教育实践活动中,习近平总书记用6个字明确了活动的主要内容:"为民务实清廉";用12个字明确了活动的总要求:"照镜子,正衣冠,洗洗澡,治治病。"这些要求简明扼要而又形象生动,非常便于操作记忆。①

3. 怎样炼成"短"的新文风

习近平总书记多次倡导"三短":开短会、讲短话、发短文。有的文章、讲话,或添枝加叶、短话长说,或穿靴戴帽、照搬照抄,或面面俱到、堆砌材料,这样的文风只能让听众、读者昏昏欲睡,或者"台上开大会、台下开小会"。因此,我们要在把道理讲透彻、把事情说明白、把任务交代清楚的前提下,尽最大努力做到开门见山、重点突出、意尽言止。文章讲话洋洋洒洒动辄千言万语,就会拒人于千里之外。越是深刻的往往越是简

---

① 参见王洲洋:《学习习近平总书记的文风之美》,求是网,2015 年 5 月 12 日,ht-tp://www.qstheory.cn/wp/2015-05/12/c_1115262821.htm。

单的。有话则长,无话则短,在不影响表达内容的前提下越短越好。世界上最短的文章莫过于雨果的一封询问作品是否出版的信。雨果给出版商的信号是一个标志性符号"?",出版社的回信是一个"!",堪称短文之极致,我们实在应该好好学一下。实际上,说短话是非常难的!短话不是干巴巴的几句枯燥话,也不是毫无内容的空话和套话,而是言简意赅的精练话。这样的"短话"是深刻的思想与精练的语言的有机结合的产物。那么,怎样才能说出言简意赅的、含义丰富的短话呢?

第一,要围绕中心讲短话。讲话要有一定的目的性,围绕特定的目标而展开。有时候需要告诉听众:发生了什么事,怎样发生的;要做什么事,为什么要做和怎么做;或者是告诉听众一个道理等。现实社会生活中,事物和道路是复杂的,所以,就有许多话要讲。但是讲话一定要把握分寸,并不是什么话都可以讲,切忌乱讲话。要紧紧围绕中心讲话,围绕中心展开论述,这样才能突出主题,才能使讲话的表达更为简洁不繁。因此,领导干部开口说话之前,一定要确定讲话的中心,围绕中心展开讲话内容。在讲话的过程中,与中心无关的话,不要讲,不要提。如果你没有把握,可以事先想好说话要点,根据要点逐级逐层地讲述。这样才能取得好的效果,虽然话说得不一定多,但是话的中心意思能够表达得很明确、充分。①

第二,要学会用概括的语言讲话。在日常生活中,我们经常会看到,有的领袖人物和领导干部在讲话时,所说的话往往是一言中的,切中要害。邓小平同志是这样,周恩来总理也是如此。那是 1960 年,中国京剧院的《霸王别姬》要参加出国演出。临行前,周恩来总理亲自审查了这个节目,并给每个场景作了经典的评语。这些评语简洁明快,全是清一色的"一"字开头的成语。当戏演到项羽置形势于不顾,把别人的劝说当作耳旁风,执意出战时,周恩来同志评论道:"一言堂。"接着项羽回到后宫,虞姬又再三规劝,请他千万不要出兵,以免中了刘邦的

---

① 参见刘玉瑛:《与领导干部谈作风》,新华出版社 2013 年版,第 84—85 页。

圈套。项羽不容分说,回拒道:"我主意已定,明日出兵。"周恩来听到这里,评论道:"一家之长。"项羽孤军深入,落进了刘邦的伏击圈。周恩来同志又评论道:"一筹莫展。"虞姬备酒,项羽吟唱"力拔山兮气盖世。"周恩来同志评论道:"一曲挽歌。"显而易见,周恩来同志的评语抓住了事物的本质,把握住了要点,具有极强的概括性。周恩来同志的这种高度概括性的语言来自他那高度的概括能力。因此,领导干部要学会用概括性的语言讲话,就得经常性地、自觉地训练自己的概括能力。①

(二)领导干部新文风之二:实

"实",就是要讲符合实际的话不讲脱离实际的话,讲管用的话不讲虚话,讲有感而发的话不讲无病呻吟的话,讲反映自己判断的话不讲照本宣科的话,讲明白通俗的话不讲故作高深的话。事实最有说服力,也最能打动人。因此,改文风首先要返璞归真,提倡崇实的精神。崇实,就是要求领导干部思想正确、态度鲜明、作风正派,见伪则揭,见恶则争,见善则扬,见贤思齐;就要求领导干部有善意、去粉饰、少做作、勿卖弄,不跟风、不赶时髦。只有老老实实地分析问题,讲出道理,文章才会说服人、打动人。

1. 文风"实"的表现

毛泽东同志在《改造我们的学习》中指出:"'实事'就是客观存在着的一切事物,'是'就是客观事物的内部联系,即规律性,'求'就是我们去研究。我们要从国内外、省内外、县内外、区内外的实际情况出发,从其中引出其固有的而不是臆造的规律性,即找出周围事变的内部联系,作为我们行动的向导。而要这样做,就须不凭主观想象,不凭一时的热情,不凭死的书本,而是客观存在的事实,详细地占有材料,在马克思列宁主义一般原理的指导下,从这些材料中引出正确的结论。"关于实事求是,毛泽东还曾做了更为简洁的说明,他指出:"我们党是有实

---

① 参见刘玉瑛:《与领导干部谈作风》,新华出版社 2013 年版,第 85—86 页。

事求是传统的,就是把马列主义的普遍真理同中国的实际相结合。"可见,用马克思主义的理论联系中国的实际是实事求是的有效途径。也正是我们始终坚持"实事求是"的思想路线,才最终取得了新民主主义革命和社会主义改造的胜利。

毛泽东在文风上追求"实"和"新",他要求以实事求是为理论前提的新鲜独到,是建立在与"装腔作势,借以吓人"相对立的"严肃的战斗的科学态度"的基础之上的新鲜独到,是应该努力做到"从客观存在着的实际事物出发,从其中引出规律"的新鲜独到。虽然这样做未必真能使观点正确(要使观点正确需要不少条件的综合参与),亦即"求是"未必得"是",却是使观点正确的首要条件和必由之路。只有在坚持实事求是思想作风的前提下,在追求正确性、科学性的基础上追求新鲜性,才是值得肯定的良好文风。相反,如果"无实事求是之意,有哗众取宠之心",笔下出现的虽然是新奇却不正确的观点,则只能斥之为文风不良甚至恶劣的表现。这类文风,大则会危害党和国家的各项事业,如"党八股"就是这样;小则会危害一般读者的思想健康,如新的"假大空"现象就是这样。改革开放以来,人们冲破"左"的思想禁锢,写出了大量实事求是的有新意的文章,但也出现了不少信口开河以耸人听闻、谋求轰动效应的有"新意"的文章,正如有人所愤慨的那样:"半生寒窗无人问,一篇胡说天下闻!"我们固然要反对"不论它的内容和形式,都是八股式的,教条式的"文风,也要反对这种靠"臆造""凭主观想象"而信口开河的文风。在目前,后一种文风比前一种文风的危害更大。例如,在学术界,有一种非学术的功利动机(过分强烈的发表欲和成名欲)常常在诱发着某些人的"创新"冲动,使他们往往连起码的常识、学理、形式逻辑都不讲了,写出的不少都是被几句话就可以"证伪"的荒唐文章。古人讲做学问所需要的条件在胆识力学中以"识"居先,而这些人却是以"胆"为主。无论是"立"还是"破",有人胆大到了令人瞠目的程度。

陈云提出"不唯上,不唯书,只唯实"。"不唯上,并不是上边的话不要听。不唯书,也不是说文件、书都不要读。只唯实,就是只有从实际出发,实事求是地研究处理问题,这是最靠得住的。"在延安,陈云反对王明以共产主义代表身份和马列主义词句吓唬人,反对王明"言必称希腊"、不研究中国历史和国际国内现状的教条主义作风,也反对"一切经过统一战线的投降主义路线"。陈云始终坚持只唯实,注意在实际工作中的调查研究。陈云多年做经济工作,总是十分注意了解新情况,发现新问题,从不拘泥于已经掌握的情况和经验。陈云在党的七大发言中指出:"我们要讲真理,不要讲面子。是什么就是什么,应该怎样就怎样。""共产党员参加革命,丢了一切,准备牺牲生命性命干革命,还计较什么面子? 把面子丢开,讲真理,怎样对老百姓有利,怎样对革命有利,就怎样办。"20 世纪 50 年代,他就提出不要简单地照搬苏联建设社会主义的经验和模式。1959 年,毛泽东请陈云落实当年的钢铁指标。当时冶金部提出 3 个指标,陈云经过 3 个月认真调查研究和反复测算、比较后,向中央提议,1959 年的钢铁产量只能落实到 1300 万吨。在当时,我们党出现急躁冒进"左"的倾向,许多领导人头脑发热,大讲"高速度""高指标""大干快上"的形势下,他挺身而出,不顾个人安危,立足于贫困落后的中国国情观察问题,明确提出"反冒进""降指标"。党的十一届三中全会后,他又反复告诫人们,现在的经济规模比50 年代大得多,复杂得多,50 年代的做法,很多已经不适用了。他主张边实践,边摸索,边总结,走一步,看一步;既要解放思想,又要实事求是,既追求积极进步,又保持稳妥。①

　　以邓小平同志为核心的党的第二代领导人,从和平与发展的时代主题出发,重新确定了实事求是的思想路线,第一次明确提出:"实事求是,是无产阶级世界观的基础,是马克思主义的思想基础。"实事求是是"马克思主义的根本观点、根本方法",是贯穿马列主义、毛泽东思想的灵魂和精髓,是马列主义、毛泽东思想中"最为根本最重要的东

---

　　① 参见史为磊:《陈云调查研究思想研究》,《沈阳干部学刊》2012 年第 6 期。

西"。并进一步指出:"解放思想就是理论和实际相符合,主观和客观相符合,就是实事求是。"党中央《关于经济体制改革的决定》写道:"全党同志在进行改革的过程中,应该紧紧把握住马克思主义的这个基本观点,把是否有利于发展社会生产力作为检验一切改革得失成败的最主要标准。"党的十三大报告进一步强调:"是否有利于发展生产力,应当成为我们考虑一切问题的出发点和检验一切工作的根本标准。"然而,在现实生活中,有的人把生产力标准庸俗化、简单化,特别是在姓"社"姓"资"的问题上存在一些模糊观念,成为改革开放进一步深入的一大思想障碍。为了澄清是非,明确方向,推进实践,邓小平在1992年南方谈话中又进一步提出了"三个有利于"标准。"三个有利于"标准,是实践标准、生产力标准的延伸和具体化、系统化,它使实践标准由抽象走向具体。

在21世纪到来之际,随着世情国情发生深刻的变化,以江泽民同志为核心的党的第三代领导人,提出了"坚持党的思想路线,解放思想、实事求是、与时俱进,是我们党坚持先进性和增强创造力的决定性因素"。进一步丰富和深化了我们对实事求是的认识。2007年以胡锦涛同志为总书记的党中央适时提出了科学发展观,在党的十七大作了阐释:"科学发展观,第一要义是发展,核心是以人为本,基本要求是全面协调可持续,根本方法是统筹兼顾。"科学发展观,是马克思主义的科学发展理论,是指导科学发展的世界观和方法论的集中体现。科学发展观源于实践,又能动地指导发展实践,它的根本特征就是实事求是,符合客观规律。科学发展观,是以人为本的价值观与科学发展的科学观的有机结合,是价值观和科学观的高度统一。这个"统一"把科学发展观上升为世界观和方法论,上升为党的认识路线和思想路线。

党的十八大以来,以习近平同志为核心的党中央带头改文风、改会风,讲平实的话,讲实事求是的话,杜绝形式主义、杜绝官僚主义。这体现了我们党深化改革开放,进一步解放思想,坚决破除一切妨碍科学发展观的思想观念和体制机制、弊端的坚定信心。习近平总书记曾大力倡导"五讲五不讲":讲符合实际的话不讲脱离实际的话,讲管用的话不讲虚话,讲有感而发的话不讲无病呻吟的话,讲反映自己判断的话不讲照本宣科的话,讲明白通透的话不讲故作高深的话。这要成为讲话者的定律。让我们切实将纸上的理念,转化到实实在在的举措中去。①文章平实、质朴往往最能打动人。时下有些文章,充满浮躁之气,难觅平实之风。习近平总书记平易近人,懂得群众的心思,懂得群众的语言。他的语言平实而鲜明,准确不乏生动。他在《人民对美好生活的向往,就是我们的奋斗目标》一文中说:"我们的人民热爱生活,期盼有更好的教育、更稳定的工作、更满意的收入、更可靠的社会保障、更高水平的医疗卫生服务、更舒适的居住条件、更优美的环境,期盼着孩子们能成长得更好、工作得更好、生活得更好。"语言之平实,温暖国人心。在《改革再难也要向前推进》一文中指出:"中国改革经过30多年,已进入深水区,可以说,容易的、皆大欢喜的改革已经完成了,好吃的肉都吃掉了,剩下的都是难啃的硬骨头。"在《切实把思想统一到党的十八届三中全会精神上来》一文中指出:"哪里有不符合促进社会公平正义的问题,哪里就需要改革;哪个领域哪个环节问题突出,哪个领域哪个环节就是改革的重点。"在谈到加强青年的社会主义核心价值观养成时说:"这就像穿衣服扣扣子一样,如果第一粒扣子扣错了,剩余的扣子都会扣错。人生的扣子从一开始就要扣好。"他提出的"中国人的饭碗任何时候都要牢牢端在自己手上,我们的饭碗应该主要装中国粮";"做世界稳定的压舱石、世界和平的助推器";"坚持'老虎'、'苍蝇'一起打";"把权力关进制度的笼子里";"不要换一届领导就兜底翻"等,非常平实直白、通俗易懂,便于贯彻落实。②"无论是开会发言,写文章,都要进行充分的说理和实事求是的科学分析。"习近平总书记的讲话,从内容到形式,都散发着泥土般的新鲜,富有人情味,自然清新,引人入胜。当然,我们不是为求新而求新,而是因为时代在发展,新事物

① 参见中共中央宣传部新闻局:《改文风大家谈》,学习出版社2013年版,第14页。
② 参见王洲洋:《学习习近平总书记的文风之美》,求是网,2015年5月12日,ht-tp://www.qstheory.cn/wp/2015-05/12/c_1115262821.htm。

新情况在不断涌现,不新就会跟不上时代潮流,不新就会被时代淘汰。

2. 文风"实"的具体要求

文风"实",要求我们的文件、讲话和文章,力求反映事物的本来面目,分析问题要客观、全面,既要指出现象,更要弄清本质;阐述对策要具体、实在,要有针对性和可操作性。要实事求是,有一说一、有二说二,是则是、非则非,不夸大成绩,不掩饰问题。

感情要实。讲话、文章要有感而发、情真意切,而不能无病呻吟、故作多情。毛泽东同志笔下的愚公、白求恩、张思德,我们今天记忆犹新,就是因为这些人在他的心灵深处产生过激烈震荡,所以讲出的话饱含深情、富于哲理,能深深植入人民心里,引起共鸣。这里需要说明,一些关于党和国家工作的总体性要求,事关全局,事关党和国家前进方向及政策连续性,事关党的团结和社会稳定,需要在重要文件和重要讲话中反复强调。这和形式主义的套话、穿靴戴帽是两回事。① 电影《刘三姐》中有一个对歌的场景。三个秀才对不赢一个刘三姐,为什么? 因为刘三姐的歌都是从生产劳动一线中来,从火热的现实生活中来,从对劳苦大众的真情实感中来,信手拈来,出口成"歌"。而那三个酸腐秀才尽管带了一船的书来,却在刘三姐面前节节败退。用刘三姐的话说:"山歌都是心中出,哪有船装水载来?"领导干部应该像刘三姐对歌那样,用真情实感去讲话、写文章。

选题要实。吃透"上头"不唯上,摸清"下头"只唯实。无论从"上面的精神"中选题,还是从"下面的呼声"中选题,都是从实际出发,了解实际情况,发现现实问题,分析客观原因,阐述现实背景,提出具体、实在的解决措施。讲话、写文章最容易犯的一个毛病,就是主题过大、过空、过虚。一句话说了好几层意思,结果一个意思也没说清楚;一个标题涵盖了好几个主题,结果分不清主次轻重,一篇文章提出了好几个观点,结果一个观点也没有论证明白。这种"包打天下"式的讲话、文

---

① 参见《习近平党校十九讲》,中共中央党校出版社 2014 年版,第 201 页。

章,是好高骛远的表现。

论证扎实。讲话、写文章的过程是逻辑推理的过程,是抽丝剥茧、层层展开的过程,是剖析现象、弄清本质的过程。论证的材料必须符合实际,论证的方法必须扎实有效。比如,1941 年胡乔木撰写的文章《驳蒋介石》就是论证扎实、铿锵有力的经典之作。再如,沿海发达省份提出要"提质降速"。如果把这个提法照搬到中西部某些省份,就不符合实际了。因为不少中西部省份是欠发达地区,不仅要提升发展质量,而且要加快发展速度。

语言要朴实。要深入浅出,用朴实的语言阐述深刻的理论。朴实的语言从哪里来? 来自人民群众,来自实际生活。刘云山同志 30 多年前,曾深入内蒙古自治区土默特右旗整整调研 11 天,住的是小旅馆,吃的是街头卖的小饼,聊的是民生民情,最后写成《夜宿车马店》。文章有许多朴实而鲜活的群众语言,比如,"贾大个子,如今你肚子圆了,兜鼓了,可前几年记得你进城拉返销粮时,在店里光吃窝头"。

(三)领导干部新文风之三:新

1. 领导干部新文风中"新"的含义

"新",就是力求思想深刻、富有新意。正如清代学者李渔说:"同一话也,以尖新出之,则令人眉扬目展,有如闻所未闻;以老实出之,则令人意懒心灰,有如听所不必听。"如果一个文件、一篇讲话毫无新意,说的都是一些老话、套话、"地球人都知道"的话,那么制定这样的文件、作这样的讲话、写这样的文章还有多少意义呢? 可以说,能不能讲出新意,反映一个领导干部的思想水平、理论水平、经验水平以及语言表达能力。

这里所说的新意,既包括在探索规律、认识真理上有新发现、前人没有讲过的话,又包括把中央精神和上级要求与本地区本部门本单位实际结合起来,在解决问题上有新理念、新思路、新举措的话;既包括角度新、材料新、语言表达新的话,又包括富有个性、特色鲜明、生动活泼的话。这里的"新",既包括内容的新,也包括形式的新。一篇文章或讲话,如果不研究新情况、解决新问题、触及新矛盾,没有发现新思路、新思想、新感悟,看不到新材料、新语言或认识问题的新角度,通篇都是照搬照抄、东拼西凑,讲重复的话、讲没用的话,让人感觉味同嚼蜡,这样的文章、讲话便失去了意义。需要指出的是,讲出新意,并不是要去刻意求新,甚至搞文字游戏。更不能背离马克思主义立场观点方法,背离党的路线方针政策去标新立异。①

2. 领导干部新文风中"新"的表现

毛泽东所要求的语言新鲜,指的是具有规范性、通俗性的新鲜。如果追求的是不规范或艰涩难懂的新鲜性,则是他所大力反对的,因为那样做既不能较好地达到交流思想的目的,又损害了祖国语言的纯洁和健康。因此,毛泽东一方面批评一些人"颠来倒去,总是那几个名词,一套'学生腔'",另一方面又极力反对使用不规范、不通俗的"新鲜"语言:"我们'生造'的东西太多了,总之是'谁也不懂'。句法有长到四五十个字一句的,其中堆满了'谁也不懂的形容词之类'。许多口口声声拥护鲁迅的人们,却正是违背鲁迅的啊!"对文艺工作者也谈到了这个问题:"许多文艺工作者由于自己脱离群众,生活空虚,当然也就不熟悉人民的语言,因此他们的作品不但显得语言无味,而且里面常常夹着一些生造出来的和人民的语言相对立的不三不四的词句。"毛泽东在延安整风期间,更为明确地说:"要使革命精神获得发展,必须抛弃党八股,采取生动活泼新鲜有力的马克思列宁主义的文风。""善于应用马克思列宁主义的立场、观点和方法,善于应用列宁斯大林关于中国革命的学说,进一步地从中国的历史实际和革命实际的认真研究中,在各方面作出合乎中国需要的理论性的创造。"的确如此,我们需要的是"创造"性的新鲜性,永远也不需要这种"生造"性的新鲜性!然而,这些年来,语言上的"生造"现象以及别的一些令人不知所云的现象仍较

---

① 参见《习近平党校十九讲》,中共中央党校出版社 2014 年版,第 201—202 页。

普遍。如有些论文中的某些基本概念连作者自己也说不清楚,便是这方面的一种极其典型的事实。有些话从字面上看似乎非常通俗易懂,而一旦细想起来却更感到费解。现成的例子中有一个叫作《高级新闻写作》的书名。它实际上是一本近乎杂谈新闻写作常识的书。作者在后记中说,书名是别人代起的,他自己"也很难讲清'高级'在何处"。问题正是出在这里:别人代起的书名连作者都不清楚、不懂得,读者会清楚、懂得吗? 实际上有一点作者肯定非常清楚、懂得:用这么个书名大大有利于销售活动。否则,该书不但不会连印三次多达数万册,而且连百十本也卖不出去的可能性也是存在的。

把这些语言现象定性为不良文风,可能更符合多数此类作者思想作风的实际,同时也很能证明毛泽东的有关言论仍不失其现实的批判意义。不管是从内容方面的观点,还是从形式方面的结构、语言上看,在提倡新鲜性、反对陈旧性的文风言论中,毛泽东对造成陈旧性的两种特殊行为进行了有力的抨击,那就是模仿和抄袭。以前,由于未把"新鲜性""新鲜"观列为毛泽东文风理论的主要范畴、基本内容之一看待,对他反模仿、反抄袭的言论也便作为一般性的写作言论理解了。然而,实际上,这个问题具有很明显的文风理论性。毛泽东精辟地说过:"我们决不可拒绝继承和借鉴古人和外国人,哪怕是封建阶级和资产阶级的东西。但是继承和借鉴决不可以变成替代自己的创造,这是决不能替代的。文学艺术中对于古人和外国人的毫无批判的硬搬和模仿,乃是最没有出息的最害人的文学教条主义和艺术教条主义。"①

1992 年年初,邓小平视察南方谈话,提出了许多鼓舞人心的全新见解,表现出坚毅果断的大无畏精神和非凡的胆略气魄。他指出:"改革开放胆子要大一些,敢于试验,不能像小脚女人一样。看准了的,就大胆地试,大胆地闯。深圳的重要经验就是敢闯。没有一点闯的精神,

---

① 转引自杨文忠:《毛泽东文章"新鲜"观的文风性质和现实意义》,《广东技术师范学院学报》2010 年第 10 期。

没有一点'冒'的精神,没有一股气呀、劲呀,就走不出一条好路,走不出一条新路,就干不出新的事业。""要抓住机会,现在就是好机会。我就担心丧失机会,不抓呀,看到的机会就丢掉了,时间一晃就过去了。我国的经济发展,总要力争隔几年上一个台阶。"这些话听起来,真是让人精神振奋。谁能想象,说这些话的竟然是一位88岁的老人,在他的身上始终洋溢着创新的激情。邓小平还讲过很多许多热情洋溢、富有创新的话语,比如,"中国不改革开放,只能是死路一条。""改革开放政策不变,几十年不变,一直要讲到底。""要横下心来搞建设,一切围绕着这件事,不受任何干扰。""基本路线要管一百年,动摇不得。"

党的十八大以来,新文风体现在方方面面。比如,习近平总书记讲话提出了很多名言名句。这些名言警句包括:道路自信、理论自信、制度自信、文化自信,总依据、总布局、总任务,改革只有进行时、没有完成时,顶层设计与摸着石头过河相结合,治理体系与治理能力现代化,改革的系统性、整体性、协同性,改革的关联性和耦合性,敢于啃骨头、敢于涉险滩,"一带一路",建设法治中国,国无德不兴、人无德不立,盛世文化,多谋民生之利、多解民生之忧,建设海洋强国,大兴学习之风,夙夜在公,空谈误国、实干兴邦,一分部署、九分落实,中央八项规定,反对"四风",反对舌尖上的浪费,照镜子、正衣冠、洗洗澡、治治病,踏石有印、抓铁有痕,一张蓝图干到底,钉钉子精神,功成不必在我,打铁还需自身硬,把权力关进制度的笼子里,勇于担当,底线思维,进取意识、机遇意识、责任意识,等等。这些名言名句,既有深刻的思想,又通俗易懂。从这些名词名言中,我们可以看到习近平总书记的新文风特点。①

3. 领导干部新文风中"新"的实践要求

文风新,首先是求新的思想、新的观点、新的见解。新思想、新观点、新见解从哪里来?一是来自党的理论、路线、方针、政策。比如,党

---

① 参见周小文:《新一代领导集体执政理念与执政风格》,中共中央党校出版社2014年版,第181页。

的十八大提出了"走向生态文明新时代"的提法。《江西日报》在国务院批复《鄱阳湖生态经济区规划》三周年之际，发表了《走向生态文明新时代》。二是来自领导讲话中的新观点、新提法、新说法。比如，习近平总书记在参观《复兴之路》大型展览时强调"空谈误国，实干兴邦"。《人民日报》发表了《实干托起中国梦》的评论。三是来自基层、实际、群众的新表达、新诉求、新期待。比如，《人民日报》发表评论指出，执政者要在众声喧哗中倾听那些"沉没的声音"。

文风新，要有新的素材。如果没有新思想、新观点，也找不到新角度，那就利用新素材，以新素材、新材料取胜。比如，雷锋的评论写得已经很多了，写了几十年了，怎么创新呢？笔者经过查阅大量资料，发现了一个新素材：雷锋生前战友季增在接受媒体采访时回忆说："雷锋是一个充满阳光的人。"季增为雷锋拍了250多幅照片，照片上雷锋阳光、亲切、可爱，展示出乐观向上的人生态度，给人以乐观、快乐和力量。

文风新，要有新的语言。如果找不到新观点、新角度、新素材，那么又该怎样求新呢？那就用新语言去概括，用新语言去阐发。比如，关于实干的语言有很多种表达。用古人的话讲，有"空谈误国，实干兴邦"；用国外的谚语讲，有"一打纲领，不如一个具体行动"；用群众语言来讲，有"喊破嗓子，不如甩开膀子，干出样子"。用什么样的语言来表达，则可以根据实际情况和文章的需要来定。当然，领导干部讲话、写文章可以多用来自基层、群众中的鲜活语言。①

短、实、新，是改进文风的基本要求。能把改进文风的基本要求落到实处，其实并不容易。但是，从更高层次上来说，领导干部不仅要讲求"短、实、新"，而且更要在改进文风中国打造富有个性的话语体系，形成自己的讲话、写文章的风格、特色和气派。让我们按照党中央关于改进文风的要求，身体力行、勉力而为，在弘扬优良文风上不断取得新的进步。

---

① 参见中共中央宣传部新闻局：《改文风大家谈》，学习出版社2013年版，第14页。

第二章　改进文章的文风

写作是革命事业的"齿轮和螺丝钉",是"实行领导的主要方法"。重视领导干部写作,领导干部亲自写作是我们党的优良传统。在长期的革命、建设和改革的历程中,我们党形成了良好的文风。老一辈无产阶级革命家、党和国家领导人的理论创作、公文写作对革命事业的成功和社会主义事业的发展起到了巨大的推动作用。当前,在多种社会因素的影响下,历史上形成的良好文风受到一定程度的破坏。建设良好文风,恢复历史上形成的优良传统,已成为广泛的共识。

一、公文中的文风

公文是权力机构和组织在政治活动中所形

成的具有法定效力和规范形式的公务文书。公文种类主要有决议、决定、命令、公报、公告、通告、意见、通知、通报、报告、请示、批复、议案、函、纪要等。2012 年《党政机关公文处理工作条例》指出："党政机关公文是党政机关实施领导、履行职能、处理公务的具有特定效力和规范体式的文书,是传达贯彻党和国家路线方针政策,公布法规和规章,指导、布置和商洽工作,请示和答复问题,报告、通报和交流情况等的重要工具。"公文本质上是进行依法行政与公务活动的工具,是处理公务和进行公务活动的一种文体。

公文文风是公文在内容和形式方面体现出来的特点和风格。"公文文风是指公文写作中所表现出来的文章作风,是公文写作领域带有普遍性和倾向性的品格或现象。文风不仅是语言文字问题,而且是一定时代潮流和社会风尚在公文中的集中反映,是一定的世界观和思想路线的综合表现。"①公文文风既体现着作者的立场、观点、思想、作风,也是执政者政治思想和作风的体现,也与一定的社会环境密切相关。

公文文风问题是指存在于公文中降低公文效能的风格特点方面的问题。公文文风问题既是一个历史性的问题,也是一个普遍性的问题;既是一个与党风、政风、社会风气相关的一个综合性问题,也是公文写作中的一个实践性很强的问题。改进公文文风则是要改进其表达方式、增强其表达能力,以更好地增强公文的效能。当前,改进公文文风既是贯彻落实中央八项规定精神的具体要求,也是推进国家治理体系和治理能力现代化的基本内容。

(一)倡导良好的公文文风是我们党的历史传统

早在民主革命时期,以毛泽东为代表的老一辈无产阶级革命家即已注意纠正文风中的不良倾向。1938 年在《中国共产党在民族战争中的地位》一文中,他写道:"洋八股必须废止,空洞抽象的调头必须少

① 岳海翔:《当前公文文风不正的主要表现及矫正策略》,《写作》2016 年第 3 期。

唱,教条主义必须休息,而代之以新鲜活泼的、为中国老百姓所喜闻乐见的中国作风和中国气派。"①延安整风运动中,毛泽东在《反对党八股》一文中,具体列举了党八股"空话连篇,言之无物;装腔作势,借以吓人;无的放矢,不看对象;语言无味,像个瘪三;甲乙丙丁,开中药铺;不负责任,到处害人;流毒全党,妨害革命;传播出去,祸国殃民"的"八大罪状",进而在全党号召声讨"党八股",并提出"反对党八股以整顿文风"。党八股就是不良文风的具体表现,废除党八股就要建设良好的文风。

新中国成立初期,在人民民主专政政权和社会主义公有制建立后,人民政府具有自身鲜明特色的公文文风逐步建立,与国民党政权形式主义、虚夸不实、云云抄录、半文半白的公文文风形成了鲜明对比。特别是毛泽东发动的对洋八股和党八股的不断批判,有效地消除了旧公文中官僚主义、文牍主义和形式主义的流毒,使人民政权的公文文风逐步具备了"中国作风和中国气派",形成了马克思列宁主义的新文风。1951 年 2 月,为进一步规范公文写作,中共中央出台《关于纠正电报、报告、指示、决定等文字缺点的指示》的文件,针对当时公文文风不正的主要表现形式,具体地提出了"五个方面"的要求,即"不许滥用省略""必须遵守文法""纠正交代不明的现象""纠正眉目不清的现象""凡文电必须认真压缩"。1958 年年初,浮夸风的盛行也使公文文风上出现了"假、大、空"的问题,毛泽东在总结新中国成立 10 年社会主义改造和社会主义建设经验的基础上发表了著名的《工作方法六十条》,其中的第 37 条明确具体地提出了对文风的要求,"文章和文件都应当具有这样三种性质:准确性、鲜明性、生动性"②,明确指出了当时文件中存在的"概念不明确、判断不恰当、使用概念和判断进行推理的时候又缺乏逻辑性、不讲究词章"的缺点。

---

① 《毛泽东选集》第二卷,人民出版社 1991 年版,第 534 页。
② 《毛泽东文集》第七卷,人民出版社 1999 年版,第 359 页。

"文化大革命"时期,"左"倾错误极度膨胀,实事求是的思想路线受到严重干扰,盲目的个人崇拜思想和狂热的、极端的、片面的政治意识严重影响到公文文风,形式主义、政治口号、重复累赘等问题突出,党的历史上形成的良好文风受到破坏。

党的十一届三中全会后,在纠正"文革"的极左错误及其造成的巨大危害的基础上,党历史上建立的好的公文文风得以逐步恢复。1979年,在拨乱反正、端正思想路线的过程中,党以清理"党八股"为内容,开展了一次公文整顿,对于改革开放以来良好的公文文风的形成起到了重要作用。1981年,中共中央出台《关于各级领导干部要亲自动手起草重要文件,不要一切由秘书代劳的指示》的文件,明确提出"领导干部的讲话、报告,作为精神产品,应是他们的大脑这个加工厂制作出来的,它的原材料或半成品归根到底来自广大群众的实践",明确要求领导者准备文件时,要对"对周围的社会环境和工作状况作系统的周密的调查研究,用心体察下级和社会各阶层的情绪、呼声和要求,及时了解实际生活中出现的新情况、新问题",明确指出领导起草文件"应该提出问题,分析问题,解决问题",具体地提出了领导者在准备过程中,"需要请教别人,需要读一点书,需要由一些既有理论知识又有实践经验的同志提出一种或几种经过认真论证的结论或方案,以供讨论比较,或者有一些实际情况不大清楚,需要再到下面跑一跑,看一看,作一点调查"的具体要求,并"经过自己的认真思索和领导机构的集体研究,化为系统的、条理性的意见"以形成文件或讲话的初稿,最后提出"为了使文件或讲话更加符合客观实际,还需要再找一些直接执行的同志,尽量把这些意见在付诸实施过程中可能出现的各种复杂的情况考虑进去"。这些整顿和文件对于建设优良的公文文风产生了重大的积极作用。

进入 21 世纪以来,公文文风中存在的问题引起了党中央的高度重视,对于改进公文文风党中央也进行了一系列的部署。2009 年,党的十七届四中全会专门就整治公文文风问题做出指示,"文风会风反映党风政风,反映对人民群众的态度,反映领导机关的工作质量和水平。各地区各部门都要按照要求和有关规定,下大气力解决文风会风问题",进而提出要求,"从领导机关做起,大力整治文风会风,提倡开短会、讲短话、讲管用的话,力戒空话套话。积极运用信息化手段,严格控制发文数量和范围"。2010 年 5 月 12 日,习近平同志在中央党校发表讲话,明确提出要纠正"长、空、假"的不良文风,建立"短、实、新"的良好文风。党的十八大以来,以习近平同志为核心的党中央提出了关于改进工作作风、密切联系群众的八项规定,其中第二条提出"提高会议实效,开短会、讲短话,力戒空话、套话",第三条提出"要精简文件简报,切实改进文风,没有实质内容、可发可不发的文件、简报一律不发",这些都是关于改进公文文风的具体要求。

在长期的革命、建设的历史中,我们党一直高度重视文风问题,一直将文风问题看作关系党风好坏的重大问题,并对文风中存在的问题保持清醒认识和高度警惕,并能适时地、针对性地做出部署和出台相关文件提出具体要求,党的领导人也总能身体力行、率先垂范,使我们党和人民政府总体上能保持较好的公文文风。

(二)当前公文文风中存在的具体问题

改革开放之后,随着党的思想路线、政治路线的拨乱反正,好的文风逐渐恢复,公文传达党的路线方针政策、推动公务活动与依法行政的功能得到了较好的发挥。但是,受党内不良作风及社会中不良风气的影响,公文写作中也存在很多问题,公文文风方面的问题也比较突出。"但是从 2005 年起,这种状态发生了明显的变化,特别是在某些地方的中下层单位,尤其是在其发行的思想政治文件方面,务实的精神逐渐淡漠,虚浮的成分愈益增加,形式主义公文泛滥,至 2009 年达到了高潮。"①公文文风中存在的这些问题不但严重影响了公文的效能,也破

---

① 郑彦离:《公文写作中常见的形式主义文风问题》,《新视野》2010 年 6 月(下)。

坏了良好的党风政风,破坏了党和政府的形象,与新时代推进国家治理体系和治理能力现代化的战略目标形成了严重冲突。

1.照搬抄袭,鹦鹉学舌

一些发文机关既不注意学习党的路线、方针、政策与上级部门具体的会议、文件精神,也不具体地研究本地区的具体情况,而只是想着敷衍了事、从形式上完成任务和工作部署,在现实中只是生搬硬套、人云亦云。

一是抄袭上级文件。有时将上级部门的重要文件进行相应的印发和传达是必要的,但是一些发文机关在贯彻落实上级文件精神、进行具体的工作部署时只是对上级公文进行原封不动的传达而缺乏具体的工作部署。他们或者在研究贯彻上级政府或部门制定下发有关政策性文件时,不能认真研究本地区、本部门实际情况,不能提出具体意见或措施,只能在下发的贯彻文件中照抄照转上级文件内容,甚至在简单修改具体数据后直接照搬上级文件的标题、段落、结构,结果是使所起草文件与上级文件成为"标题相同、内容相同、形式相同"的"三同文件";更有甚者,一些机关单位在贯彻上级政府或部门的文件精神时,由于不能结合当地实际研究提出具体的落实措施,因而只能以通知的形式将上级文件转发下去,以文件贯彻文件,成为典型的形式主义。[1] 可见,这种生搬硬套、照抄照搬中央与上级部门文件的情况发生的范围是较广泛的、频率是较高的,问题是严重的。

二是抄袭其他地区或者其他部门的文件。一些机关单位不认真研究本地区的实际情况,不认真进行具体的工作研究,对工作抱着敷衍、应付的心态,在必须进行的工作部署中照抄照搬别的地区或者部门的文件。或者套用其文件格式与结构,或者套用其工作部署的具体内容,或者进行简单的数据与名称更换后直接照搬。[2] 互联网的广泛应用为

---

[1] 参见岳海翔:《当前公文文风不正的主要表现及矫正策略》,《写作》2016年第3期。

[2] 参见岳海翔:《当前公文文风不正的主要表现及矫正策略》,《写作》2016年第3期。

公务活动带来了极大的便利,但是在不好的工作作风的影响下,也会助长公文文风方面的抄袭。

三是抄袭自己的老文件。一些文件起草者抱着应付的心态,习惯于从自己的老文稿中"吸取营养",搞"年年岁岁文相似"的做法。工作计划、工作总结、领导讲话总是在以往文件的基础上修修补补,而只是对以往的文件改改年份,改改数据,调调结构,换换语句,而不管是否有新的方针政策,也不会增加新的思想内容与工作部署,成为纯粹的应景文件、敷衍文件。

2. 篇幅惊人,贪大贪长

在实际工作中,一些机关单位总是认为文件要足够长才能显示出自己的水平,篇幅只有足够大才能体现出工作的重要性,文字只有足够多才能表达自己的成绩,因而使文件尤其是工作计划、工作总结总是成为洋洋万言甚至几万言的鸿篇巨制。结果不但造成人力物力的浪费,而且使人望而生畏、望而生厌,降低公文的实际效能,破坏党和政府的形象。

一是一味贪长。一些文件起草者、发文机关心中总是追求一个"长"字,文件要长、报告要长、计划要长、总结要长,总而言之一句话"文件不长死不休"。因而,在起草文件时总是短话长说、少话多说、废话堆积,结果是经过一番精心地添枝加叶、啰里啰唆,炮制出了一篇"洋洋洒洒万言、空空洞洞无物"的大文件。如,一些"报告"类公文不适当地详尽叙述有关工作情况的具体细节,致使报告主题模糊、淡化,而成为一般的情况汇报。一些"请示"类公文则往往用过多的文字叙述相关工作情况,致使请示的事项和主题被冲淡。

二是一味贪全。一些机关单位做计划、做部署、做总结,分不清轻重缓急、做不到主次分明、搞不清是否适当,起草文件总是眉毛胡子一把抓、芝麻西瓜一齐抓,文件看似面面俱到、有模有样,其实让人弄不清文件精神、搞不懂具体意图、抓不住工作重心,成为看似庄重实则无效的大文件。如,一些"意见"类公文总要加上"重要意义""指导思想"

"基本原则""远期规划及近期工作目标"等,进行过度"包装",致使既定文体变味变质。有的公文分不清请示或报告,一件公文既包括要请示的事项也包括要报告的工作,结果使内容杂乱、逻辑不清、事项不明。

三是一味复述。一些机关单位发文不能合理安排文件机构,不能很好地处理文件的内容,致使文件内容多有重复,甚至是有意地进行重复。如,在"请示"类的公文中,既后附代拟文稿,又在文稿内容中对代拟文稿的内容进行详细的叙述,致使请示中的叙述部分与后附的代拟文稿内容重复。在进行工作部署的文件中,既在提出的措施中做出具体的要求,同时又在后面的"保障措施"进行重复。

四是一味复杂。在贯彻落实上级文件精神时,人为地将问题复杂化,对规定做补充规定,对说明做补充说明,对细则做实施细则,等等,将本来清楚的问题复杂化,故弄玄虚,故作高深。有的则在公文中没有必要地加上所谓的历史背景和前因后果,人为地绕弯子,致使主题不突出。

3. 华而不实,追求形式

公文的本质在于服务于公务活动,背离了公务活动的目的,公文就成了一纸空文,这就要求公文具有实用性。但是,在实际工作中一些公文却过度地追求形式,进行过度地浮夸藻饰,影响了公文的真实性、准确性、实用性。

一是套话罗列。一些人对于党的路线、方针、政策及相关的会议精神、重大决定不进行认真思考,对自身工作实际不进行认真的调查研究,提不出工作的具体思路和办法,而在出台公文时就只是将上级文件决定当作语言教条和固定模式,只追求公文的形式,对公文进行过度的形式包装。一些人将之形容为套话连篇而戴帽穿靴。如,"又比如写文章或讲话,开头总是'高举……''按照……''沿着……道路',或是反复强调'以……为中心''以……为核心''以……为关键',罗列重复,累赘庸俗,没有活力。"[①]或者开头是"在……的正确领导下,在……

---

① 官盱玲:《对加强公文文风建设的思考》,《写作》2013 年 5 月(上旬刊)。

的指导帮助下,在……的共同努力下",结尾是发出号召,"团结在……的周围,为……而努力奋斗"等。或者在文件开头加上"重要意义""指导思想""基本原则"等,在每个标题后面再加上格式化的语言。这种格式性、套路性的公文模式,无非是读起来铿锵有力,看起来头头是道,实际上满纸都是空话、大话、套话。

二是过度藻饰。一些公文背离了公文的实用性,不能实事求是地从公文的主要目的出发,而是过分追求文件的辞藻,进行牵强附会的归纳总结。如,一些文件总要归纳出"一个中心""两个重点""三个抓手""四个途径""五个要求""六个保障"等。适当的归纳总结是必要,工作部署的具体明确是必需的,但是过度地进行格式化的罗列堆积是不必要的,也是有害的,只会破坏公文的实际作用,只会让群众看到党政机关的形式主义。

三是盲目引用。一些公文生怕理论依据不足,习惯性地拉大旗作虎皮,故弄玄虚。其一,大量引用经典著作,故弄高深;其二,长篇引用领导人讲话,一味唯上;其三,大量引用会议文件,重复累赘。结果造成文件意思不清、实际价值不突出。

4. 瞒天过海,弄虚作假

服从公务活动的本质要求公文必须具有真实性、准确性和科学性。但是,一些机关单位的公文却为了敷衍上级、敷衍工作、追求私利、追求政绩,不惜弄虚作假、胡编乱造、篡改精神。

一是含糊其辞。一些公文在缺乏具体材料的背景下,总结成绩就笼统地使用"最大""巨大""突出"等夸大其词的用语。一些机关单位对于不愿贯彻的上级要求就含糊其词,让人不知所云而无法贯彻落实。或者使内容表述不清、逻辑混乱、语义不清晰;或者在贯彻落实上级工作部署或要求的公文中只讲问题和困难,而不表明具体的态度,也不说明具体部署措施,使公文成为空文。

二是胡编乱造。一些机关单位或者为了敷衍工作,或者为了应付上级检查,或者为谋取政绩,在公文中率性而为,胡乱编造。如,在上级进行工作突击检查时,将补发的公文时间提前;对未学习的文件、报告、会议材料、讲话等,对上级报告说"经过了认真学习、深入讨论等";在汇报材料中编造假典型、假经验等。总而言之,就是凭空臆造、信口雌黄、弄虚作假。

三是肆意篡改。在实际工作中,以本地区、本部门、本单位利益为标准,在出台公文贯彻落实上级工作部署中进行选择性贯彻,凡是有利于自己的就传达,凡是不利于自己的就不传达;凡是有利于自己的就贯彻,凡是不利于自己的就不贯彻;对自己有利的就彻底贯彻,对自己不利的就改头换面、肆意篡改。

5. 权力任性,胡作非为

本质上是一种"公权力任性",具体表现为公文行使了超越其职权范围的效用,或者沦为一种发泄情绪的工具。

一是违反党的政策的公文。一些机关单位不了解党的政策或者公然违背党的政策,出台公然违反党的政策的公文。如××省××市政府办公室《关于倡导公务接待使用小糊涂仙系列酒的通知》的红头文件,给市直机关和各乡镇农场下达"喝酒"任务。通知明确要求全市各部门全年要完成喝"小糊涂仙"系列酒的价值总目标为 200 万元,完成任务的按照 10% 奖励,完不成任务的则通报批评。文件还附有《各地各单位使用和促销小糊涂仙系列酒分解表》:市政府接待处 10 万元,教育局 3 万元,科技局 1 万元,民政局 2.5 万元,××办事处 7 万元,××镇 5.5 万元,××镇 3 万元……共 105 个单位承担有喝酒任务,每个市直单位从几千到几万元不等;最低的是老干局、信访办、档案局,都是 3000 元的喝酒任务;乡镇单位最低任务是 8000 元,一般 2 万到 3 万元。以政府文件规定"喝酒"任务显然违反了党的政策,属于典型的公权力乱作为。

二是超出公权力范围的公文。一些机关单位不明白公权力的边界,不明白自己的职责权限,出台滥用公权力的文件。"2008 年 8 月 19日,针对番茄销售疲软的现象,××省××市××区区委办、区政府办联合下发红头文件,要求在全区开展番茄新品种品尝活动,明确规定区直属各部门、各直属机构以及各乡、镇、街道办事处广大干部职工,到9月5日为止,每人必须购买100斤番茄,费用由各单位自行解决。"①显然,这种公文明显滥用了公权力,进行了超出公权力界限的行政摊派,也违反了依法行政的精神。但是,这种类似的以政府文件规定喝酒、抽烟、买番茄等事项并非仅此一例,而是在全国范围内屡见不鲜。这反映了官僚主义在公文领域的为所欲为、胡作非为,也反映了公文领域的恶劣文风。

三是破坏党群、干群关系的公文。一些机关单位将自己作为人民群众的对立面,将公文作为对人民群众斗争的武器,恣意妄为,胡作非为。这种公文显然背离了公文的初衷,不但不能达到为人民服务的目的,反而伤害了人民的感情,破坏了党群、干群关系,破坏了党和政府的形象。

(三)树立实事求是的公文文风

"我们可以把实用文章的文风特征概括为三个方面,一是本真性,二是简明性,三是确定性。"②公文是进行公务活动的工具,实事求是地反映问题,实事求是地表达意见、传递政令、部署工作是公文的基本要求,这些都要求树立实事求是的公文文风。

1. 格式要正确规范

公文具有法定效力,是一种具有既定格式、明确规范的应用性文体,格式规范是公文的基本要求,是公文权威性与党政机关正常运转的保证,也是形成良好公文文风的基本要求。《国家行政机关公文处理办法》《中国共产党机关公文处理条例》《人大机关公文处理办法(试行)》等对公文的种类、公文的格式、行文规则、公文办理、公文立卷和

---

① 岳海翔:《当前公文文风不正的主要表现及矫正策略》,《写作》2016年第3期。
② 任遂虎:《实用文章的文风特征》,《河北联合大学学报(社会科学版)》2014年第2期。

销毁都做了明确的规定。针对当前公文格式方面存在的问题,应特别注意以下几个方面。其一,上报或下发的公文主送单位、抄送谁,应写得清楚明白。其二,要根据上行文、下行文、平行文的特点,按照不同文种、不同内容的要求,准确、恰当地表述。"请示""报告"和"意见"等上行文要以上级机关部署的中心工作表述,请示类公文要一文一事,简明扼要,清楚明白;报告类公文要抓住重点,进行逻辑严密、主次分明的叙述;意见类公文注重可行性和可操作性。"通知""批复"等下行文则要从实际情况出发,表达明确的态度,进行切合实际的部署,提出适当的要求,"批复"类公文的批复意见要明确、具体;"通知"类公文的要求要明确、具有可行性。平行机关和不相隶属机关之间的商洽函要把商洽的工作缘由、所商洽工作的情况、函请的要求写清楚,询问函要把问题写具体,答复函要针对来函内容作出具体答复。①

2. 语言要简明精练

公文语言是关系公文文风的大问题。公文的实用性、权威性要求公文语言必须通俗、准确、精练,用语必须清楚明白、准确无误地表达意图、表达工作部署。

一是要朴实通俗。公文的语言要实实在在,要通俗明白,要服务于公文下达指示、传达政令、部署工作等公务活动的目的。这就要求公文戒夸张、渲染、偏激,要戒说空话、大话、套话、假话,不要用晦涩难懂的话,不要用易产生歧义的不实之词,不要生造别人不懂的词语,不要用难懂的古汉语词,不要用外语词汇,不要用人民不懂的专业术语和政治术语,不要用不正规的流行用语。公文用语要用标准的通用语言文字,要用人民群众容易听懂的话,要平实自然,是非清楚,通俗明白。《尚书·周书》提出公文写作要"政贵有恒,辞尚体要,不惟好异"。《论语》中则有"质胜文则野,文胜质则史"的说法。毛泽东、邓小平等老一辈无产阶级革命家一贯提倡写文章、作报告要通俗易懂,使用"群众喜闻

---

① 参见张茂叶:《关于改进政府机关公文文风的对策建议》,《秘书之友》2011 年第 6 期。

乐见的语言"。他们的文稿、报告、讲话都写得朴实自然、通俗易懂。《邓小平文选》语言朴实流畅,说理透彻,语义清晰明白。如,"和平统一不是大陆把台湾吃掉,当然也不能是台湾把大陆吃掉",就通俗明白、生动准确阐明了和平统一这一政治概念。"不管黑猫白猫,捉住老鼠就是好猫""摸着石头过河""两手抓,两手都要硬""贫穷不是社会主义"等都非常通俗易懂,而又语义深刻。胡锦涛在《在纪念党的十一届三中全会召开 30 周年大会上的讲话》中表达坚定不移地推进改革开放、走中国特色社会主义道路的信念的用语是"不动摇、不懈怠、不折腾",既通俗易懂,又清楚明白。习近平总书记用语通俗、明白、接地气也为写好公文做出了很好的榜样。

二是要简短精炼。核心是公文要简短精炼、要言不烦、清楚明白、不绕弯子、不拖泥带水。列宁曾经提倡机关公务人员要学会写五行字的材料,认为一般的请示和报告,"写五行字就够"。他说:"请写得简短些,采用电报文体,如果必要的话,可以另加附件。"并直截了当地说:"写长了我根本不看,一定不看。""如果有切实可行的建议,可以写在另一张纸上,要像电报那样写得极其简短。"①毛泽东很早就注意到了公文简短精炼的问题,并做了丰富而深刻的论述。1948 年,毛泽东在《关于建立报告制度》一文中指出:"报告文字每次一千字左右为限,除特殊情况外,至多不要超过两千字。"明确地提出了实现简炼精要的具体方法,"如果一次写不完全部问题时,就分两次写。或一次着重写几个问题,对其余问题则不着重写,只略带几笔;另一次,则侧重写其余问题,而对上次着重写过的只略带几笔。"而且特别指出了简要精练的核心是"综合报告内容要扼要,文字要精炼,要指出问题或争论之所在"②。也就是说,公文就是要抓住中心,做到详略得当,问题突出。相反,公文空洞无物、繁冗拖沓,就会变成"懒婆娘的裹脚布"。新中国成

---

① 《列宁全集》第 35 卷,人民出版社 1959 年版,第 524 页。
② 《毛泽东选集》第四卷,人民出版社 1991 年版,第 1264—1265 页。

立前夕,毛泽东在《党委会的工作方法》一文的第九条指出:"'精兵简政'。讲话、演说、写文章和写决议案,都应当简明扼要。会议也不要开得太长。"①

改革开放的总设计师邓小平也是这方面的典范,针对文章、公文冗长的问题,他多次强调要短而精。1950 年 9 月,西南财政部起草并送审《西南军政委员会对五〇年农业税征收工作的指示》,邓小平对文件进行多处修改后批示:"这个指示内容无问题,文字拿不出去,重复的话很多,至少可省略一半。"②2007 年,国务院在《关于国务院办公厅精简会议文件改进会风文风的意见》中明确要求:"国务院印发的普发类文件一般不超过 5000 字,国务院办公厅印发的普发类文件一般不超过 4000 字。"习近平同志针对公文过长的现象也明确指出:"力求简短精炼、直截了当,要言不烦、意尽言止,观点鲜明、重点突出。"③公文做到简要精练就要做到四点:一是围绕一个主题,而不旁逸斜出;二是言简意赅,不说多余话;三是论据精当,不用多余材料;四是逻辑严密,做到有的放矢。

三是要准确严谨。公文具有实用性、权威性的特点,公文用语准确严谨是基本要求。相反,公文用语的含糊不清、晦涩难懂、歧义矛盾都会影响公文的实际效能,或者影响正常工作进展,或者造成工作失误、损失,甚或影响党和政府的形象。因此,公文用语必须含义确切、措辞精确、文句严谨。而"差不多""大概""也许"等模糊性用语,都会影响公文的准确性和权威性,应该极力避免。如古人所言:"一字入公文,九牛拔不出。"邓小平对于公文的准确性有着清醒的认识,将准确性视为公文的生命,并给予了特别的强调。他说:"对重要问题要加以论断,论断性的语言要多些,要准确。"④对于公文中一些重要提法、表述,

---

① 《毛泽东选集》第四卷,人民出版社 1991 年版,第 1443 页。
② 湖南省档案馆藏革命活动家手稿 9 号,第 76 页。
③ 习近平:《努力克服不良文风,积极倡导优良文风》,《求是》2010 年第 10 期。
④ 《邓小平文选》第二卷,人民出版社 1994 年版,第 291 页。

他强调指出:"什么是无产阶级思想中需要坚决批判和防止蔓延的东西,什么是经济生活中需要坚决克服和抵制的资本主义倾向,如何正确地进行批判,还有必要继续进行研究并作出妥善的规定,以防重犯过去的错误。"①《对起草〈关于建国以来党的若干历史问题的决议〉的意见》的一些系列讲话反映了邓小平对《关于建国以来党的若干历史问题的决议》这一重要文件的准确性的高度重视。开始他提出起草这份决议的总体设想是:"要举毛泽东思想的伟大旗帜,实事求是地、恰如其分地评价'文化大革命',评价毛泽东同志的功过是非,使这个决议起到像 1945 年那次历史决议所起的作用,就是总结经验,统一思想,团结一致向前看。"后来,在看了决议草稿后,他说"不行,要重新来"。他反复强调,对毛泽东思想的阐述,对毛泽东的评价,"写不写、怎么写,的确是个非常重要的问题","如果不写或写不好这个部分,整个决议都不如不做","主要的内容,还是集中讲正确的东西。因为这符合历史";对于错误,包括毛泽东的错误,"一定要毫不含糊地进行批评,但是一定要实事求是","要概括一点,要恰当","有个分寸问题","不要写过头","写过头""是违背历史事实的"。② 制定公文重视语言的推敲,使公文语言严谨周密,是公文写作的必然要求。诗圣杜甫所说"为人性僻耽佳句,语不惊人死不休",也许是写作公文进行语言推敲应学习的典范。

3. 内容要具体实在

公文是党和国家机关传达政令、传递意见、沟通信息、部署工作的手段和工具。公文是"传达贯彻党和国家的方针、政策,发布行政法规和规章,请求和答复问题,指导和商洽工作,报告情况,交流经验的重要工具"。③ 这就要求公文必须严密、准确、实事求是,而必须杜绝含含糊糊、弄虚作假、欺上压下、胡编乱造等现象。

---

① 《邓小平文选》第二卷,人民出版社 1994 年版,第 338 页。
② 《邓小平文选》第二卷,人民出版社 1994 年版,第 291—310 页。
③ 石耿立:《新编秘书学》,天津社会科学院出版社 1995 年版,第 185 页。

　　一是问题要实。每一件公文都是一种特定的公务活动,都要解决特定的问题,这就要求公文必须有的放矢,围绕问题,反映问题,分析问题,解决问题。其一,要直面问题,实事求是地反映客观问题,分析客观问题,而不能欺上瞒下、弄虚作假地隐瞒问题、掩盖问题。其二,要深入研究上级文件精神、本地区部门实际情况与民情民意,使公文能围绕真实问题,具有解决实际问题的针对性。其三,要明确公权力的职责范围,明确公文的性质与本质,使公文能切实服务于依法行政的实际职能,而不能成为泄私愤、侮辱人民群众的工具,也不能成为不依法行政或超越公权力乱作为的工具。说到底,公文就是要有鲜明的、恰切的主题。1929 年,党的历史的纲领性文献《古田会议决议》就是一个直面问题的典范。在红四军内部各种非无产阶级思想严重,党的领导机关又对这一问题缺乏一致认识的背景下,《古田会议决议》紧紧围绕"纠正党内错误思想"问题,不但具体地分析了"关于单纯军事观点""关于极端民主化""关于非组织观点"等八个方面错误思想的表现、来源,而且提出了具体的切实可行的"纠正的方法"。《中国社会各阶级的分析》开门见山地提出:"谁是我们的敌人? 谁是我们的朋友? 这个问题是革命的首要问题。"①在《反对党八股》又指出:"战争时期固然需要短文章,但尤其需要有内容的文章。最不应该、最要反对的是言之无物的文章。演说也是一样,空话连篇言之无物的演说,是必须停止的。"②公文提出问题、解决问题也是邓小平的一贯主张。1978 年 6 月 2 日,邓小平在全军政治工作会议上的讲话。"我们开会、作报告、作决议,以及做任何工作,都是为了解决问题。"③也就是说,文章、公文不论长短,最核心的就是要有内容,要针对实实在在的问题,并提出解决问题的意见、办法、措施和部署。

　　二是材料要实。公文介绍经验、传递信息、布置工作、报告工作、请

---

① 《毛泽东选集》第一卷,人民出版社 1991 年版,第 3 页。
② 《毛泽东选集》第三卷,人民出版社 1991 年版,第 834 页。
③ 《邓小平文选》第二卷,人民出版社 1994 年版,第 113 页。

示工作等都需要相应的材料。这些材料不是随意使用的,而要适应公文准确、实用、权威的特点。其一,材料要服从于公文的主题,和主题关系不大、对于主题可有可无或者不必需的材料都不需要反映在公文中。其二,材料要是真材料,编材料、偷材料、借用旧材料都是不可取的。这就要求进行深入的调查研究,掌握真实的材料,而不是道听途说、胡编乱造。邓小平说:"开会要开小会,开短会,不开无准备的会。会上讲短话,话不离题。议这个问题,你就对这个问题发表意见,赞成或反对,讲理由,扼要一点;没有就把嘴巴一闭。不开空话连篇的会,不发离题万里的议论。"①就是说论证、论据都要围绕中心,离开中心、对中心无用的材料都不要写入公文。

三是意见要实。实用是公文的根本目的,因此公文要以管用为本。这就特别要求公文要把意见、建议、部署、要求、措施等讲得实实在在,明明白白。其一,要客观全面地反映问题,实实在在地表达自己对问题的分析。毛主席在《反对党八股》中指出,写文章,做演说,著书,写报告,不提出问题、分析问题、解决问题,不表示赞成什么、反对什么,光开"中药铺",没有什么真切的内容,是一种最低级、最幼稚、最庸俗的方法。他一直主张写文章要有的放矢,反对讲空话,并把"空话连篇,言之无物"列为党八股的第一条罪状。并将那些言之无物、空话连篇、理论脱离实际的人讽刺为"墙上芦苇,头重脚轻根底浅;山间竹笋,嘴尖皮厚腹中空"。其二,要实实在在地阐述解决问题的对策与工作部署,要实事求是地介绍经验、通报情况、报告工作,清楚鲜明地表达意见。在这些方面毛主席给我们做出了榜样。1948 年 4 月,毛泽东在《对晋绥日报编辑人员的谈话》中指出:"我们必须坚持真理,而真理必须旗帜鲜明。我们共产党人从来认为隐瞒自己的观点是可耻的。我们党所办的报纸,我们党所进行的一切宣传工作,都应当是生动的、鲜明的、尖锐的、毫不吞吞吐吐。这是我们革命无产阶级应有的战斗风格。"而他

---

① 《邓小平文选》第二卷,人民出版社 1994 年版,第 283 页。

自己写的文章、起草的公文都具有强烈的问题意识,都有明确的针对性,都能鲜明地表达态度和意见。如,《反对自由主义》《反对党八股》《改造我们的学习》等直接表达了鲜明的态度和意见。邓小平的文章、讲话也是态度鲜明、观点明确,"发展才是硬道理""稳定压倒一切""走自己的道路,建设有中国特色的社会主义""尊重知识,尊重人才""贫穷不是社会主义""基本路线要管一百年,动摇不得""科学技术是第一生产力""中国要警惕右,但主要是防止'左'"等都明确地表达了他的文章、讲话的鲜明态度和观点。其三,提出的意见、建议、对策等要切合实际,具有可操作性。邓小平特别强调文件规定要具有可行性,应当是能实现的。1982 年 7 月 30 日,邓小平在中央政治局扩大会议上,讲到为党的十二大准备的政治报告和党章两个文件时,既肯定这两个文件"是花了很大功夫的","是比较成熟的",也指出党章规定代表大会重要文件要提前一个月发到全党讨论、开代表大会要在三个月前通知代表就做不到,进而提出对那些"做不到"的规定"还要推敲",并特别强调"办不到的事情就不要写"。①

4. 克服俗套,推陈出新

公文的最终目的是实效,这就要求公文能在整体上有新的风格、新的意见、新的材料、新的措施等,让人愿意看,愿意响应,以更好地推进公务活动。习近平同志在《努力克服不良文风,积极倡导优良文风》的讲话中指出:"这里所说的新意,既包括在探索规律、认识真理上有新发现、前人没有讲过的话,又包括把中央精神和上级要求与本地区本部门本单位实际结合起来,在解决问题上有新理念、新思路、新举措的话;既包括角度新、材料新、语言表达新的话,又包括富有个性、特色鲜明、生动活泼的话。"②

一是实现写作生动活泼。尽管公文要求规范的格式、朴实准确的语言,但是生动活泼仍是提高公文效果的重要方面。一方面,在遵循公

---

① 《邓小平文选》第二卷,人民出版社 1994 年版,第 413 页。
② 习近平:《努力克服不良文风,积极倡导优良文风》,《求是》2010 年第 10 期。

文格式规范的前提下,可以适当调整公文结构,克服呆板。另一方面,选用适合对象的清新活泼的语言。公文总要和群众见面,要靠群众去执行,公文语言难懂、呆板,群众不愿意看就会影响公文的执行。公文写作要根据公文对象,选择对于对象形象通俗、喜闻乐见、深入浅出、生动活泼的话语。有学者指出公文语言要鲜而不腐、特而不俗、活而不僵。①

二是实现主题内容出新。要注重调查,发现新事物、新情况、新问题,进而针对性地进行分析研究;要注重学习研究,提出新思想、新理念、新思路、新办法、新信息。

三是实现材料事例更新。材料是公文的基础,材料事例的新旧关系着公文的说服力与权威性。其一,纵向上要选择最新的材料事例,以反映最新情况;其二,横向上要通过比较分析,研究不同材料的特点,选择诸多材料事例中最典型的、最能反映新问题、最有说服力的材料。

公文的新鲜活泼是以公文的实为基础的,不是刻意地追求文字创新、格式变化和思路观念怪异,是为了使公文更好地反映人民的意愿、更好地反映实际问题、更好地实现公文的目的。

二、理论研究文章的文风

领导干部进行理论研究、进行理论文章的创作是领导的重要方法,是进行革命、建设和改革的基本要求。领导干部通过自己的文章、著作表达思想和意志,可以起到指导革命、建设和改革、启迪群众觉悟、团结群众等作用。领导干部自己动手写文章,是我们党的优良传统和作风。在革命战争时期,枪杆子和笔杆子的紧密结合,是我们革命事业取得胜利的重要保障。和平建设时期,笔杆子仍在中国特色社会主义事业的建设中发挥着巨大的作用。老一辈无产阶级革命家毛泽东、邓小平等

---

① 参见阎杰:《论我国现阶段公文文风的特征》,《写作》2012 年 10 月。

都是紧握笔杆子的典范。

（一）领导干部写好文章是做好工作的一部分

高度重视写作是世界无产阶级革命运动实践的重要特点。革命导师马克思、恩格斯以其亲身的革命实践和大量的经典著作开创了社会主义、共产主义的伟大事业。列宁则在《党的组织和党的出版物》中指出："写作事业应当成为整个无产阶级事业的一部分，成为由整个工人阶级的整个觉悟的先锋队所开动的一部巨大的社会民主主义机器的'齿轮和螺丝钉'。"①革命导师以其光辉的文献，启迪了群众的觉悟，指明了革命的道路，极大地推动了世界无产阶级革命运动的发展。

在中国革命、建设和改革的历史进程中，老一辈无产阶级革命家、党和国家领导人也都高度重视写作的重要意义。毛泽东作为伟大的马克思主义者，在历史唯物主义的基础上将写作定位为文化的一部分，强调写作在革命事业中占有重要的地位。他说："一定的文化是一定社会的政治和经济在观念形态上的反映"。②认为，"如果连最广义最普通的文学艺术也没有，那革命运动就不能进行，就不能胜利"，并强调"革命文艺是整个革命事业的一部分，是齿轮和螺丝钉"。③他特别强调，"我们所写的东西，应该使他们团结，使他们进步，使他们同心同德，向前奋斗，去掉落后的东西，发扬革命的东西，而决不是相反"。④是"使人民群众惊醒起来，感奋起来，推动人民群众走向团结和斗争，实行改造自己的环境"，是要"帮助群众推动历史的前进"。⑤在他看来，文章是揭露敌人，打击敌人的有力武器；也是教育群众，提高群众觉悟的重要工具；也是进行生产斗争和科学实验的工具；也是生活交际的手段。因此，不论是在革命战争年代，还是在和平建设时期，毛泽

---

① 《列宁选集》第 12 卷，人民出版社 1987 年版，第 93 页。
② 《毛泽东选集》第二卷，人民出版社 1991 年版，第 663 页。
③ 《毛泽东选集》第三卷，人民出版社 1991 年版，第 866 页。
④ 《毛泽东论文学和艺术》，人民文学出版社 1965 年版，第 53 页。
⑤ 《毛泽东论文学和艺术》，人民文学出版社 1965 年版，第 65—66 页

东都特别注重写作,而且写出了大量的光辉著作,对于推动中国革命和建设起到了巨大的作用。1958 年在《工作方法六十条》中指出:"作经济工作的同志在起草文件的时候,不但要注意准确性,还要注意鲜明性和生动性。不要以为这只是语文教师的事情,大老爷用不着去管。重要的文件不要委托二把手、三把手写,要自己动手,或者合作起来做。"①写作是革命事业的一部分,领导干部亲自写作是做革命工作的重要内容。

邓小平特别重视领导干部应用性文章的写作,并将其看作是"领导的主要方法"。1950 年《在西南区新闻工作会议上的报告》中指出:"拿笔杆子是实行领导的主要方法,领导同志要学会拿笔杆","实现领导最广泛的方法是用笔杆子"。② 提出,"凡不会写的要学会写,能写不精的要慢慢地精"。③ 他认为,"笔杆子"是比"作报告""个别谈话"更广泛的领导方法。并指出,"不懂得用笔杆子,这个领导本身就是很有缺陷的"。④ 实际上,为了推动革命进程,他亲自撰写了很多文章。在早期的革命活动中,为办好《赤光》杂志和《红星报》,邓小平曾回忆说在《赤光》上用好几个名字写了不少文章发表。实际上,他也为《红星报》写了许多没有署名的消息、新闻、报道乃至许多重要的文章、社论。抗日战争时期,他亲自为党的各级机关刊物《前线》《党的生活》《抗日战场》《新华日报》《战斗》《解放日报》《整风周报》等撰写了多篇文章。《邓小平文选》第一卷中《五年来对敌斗争的概略总结》《敌占区的组织工作与政策运用》和《根据地建设与群众运动》三篇文章,都是他在太行山温村会议上的报告和总结,都是他亲自草拟的,没有要别人帮着写一个字。⑤ 新中国成立初期,刘伯承同志曾对苏联客人尤金说:淮海战役是毛主席和中央军委指挥和部署的。中央军委的指示非常具体,几

---

① 《毛泽东文集》第七卷,人民出版社 1999 年版,第 359 页。

② 《邓小平文选》第一卷,人民出版社 1994 年版,第 145 页。

③ 《邓小平文选》第一卷,人民出版社 1994 年版,第 145 页。

④ 《邓小平文选》第一卷,人民出版社 1994 年版,第 156—146 页。

⑤ 参见周小文:《邓小平是怎样写作的》,《秘书工作》2006 年第 3 期。

乎天天有电报,有时一天有三四份电报。总前委在临涣集,作战命令和向中央军委汇报的电报,大多数是邓小平政委亲自起草的。① 而对于那些不动脑筋、不亲自动手、讲五分钟话让别人写稿子、照抄照搬的现象,他都给予了批评指正。

习近平同志勤于思考,也勤于笔耕。从大队支书到党的总书记的长期的从政生涯中,他写作了大量的文稿,任福建宁德地委书记有著作《摆脱贫困》,主政浙江著有《干在实处 走在前列——推进浙江新发展的思考与实践》和《之江新语》,任党的总书记后有《习近平著作选读》(第一卷、第二卷)和《习近平谈治国理政》第一至四卷等系列重要著作。

重视领导干部写作,号召领导干部亲自写作,写出好文章,一直是我们党的优良传统,并且也是革命和建设事业取得胜利的重要保证。

(二)理论研究文章要坚持好的文风

领导人的文章要坚持为人民的价值取向,坚持问题导向,坚持理论联系实际,坚持准确、鲜明、生动的语言风格。

1. 形式服务于内容,以内容为重

形式服务于内容,内容是文章的根本。脱离内容,过分强调形式,或者形式与内容有冲突,那就是文风中的形式主义。实际而言,文章中的形式主义主要体现三个方面:一是文章太长,没有内容;二是自以为是,空话连篇;三是缺乏具体分析,过度引用。毛泽东长期地反对党八股的努力和实践,对于我们写好理论文章有很多启示。在《整顿学风党风文风》中,将党八股定性为主观主义和宗派主义的一种形式。在《反对党八股》中,明确指出:"我们应该研究一下文章怎样写得短些,写得精粹些。"②新中国成立后,他仍一如既往地坚持反对党八股,建设

---

① 参见周小文:《邓小平是怎样写作的》,《秘书工作》2006 年第 3 期。
② 《毛泽东著作选读》,人民出版社 1986 年版,第 284 页。

良好文风。他自己写的文章则特别注意篇幅、内容,而且都是用自己的具有鲜明风格的语言写作。

邓小平对于文章的内容与形式,既有清楚的科学的认识,也在自己的文章中很好地实现了二者的统一。他说:"写文章也不是很困难,主要是要意思好。领导同志具备这个条件:了解情况比较多,看问题比较全面、正确。技术方面的问题是次要的,自己努力,别人帮助,慢慢就会提高。"①在这里他就明确指出了文章的核心是内容,即他说的"主要是意思好",而且他指出在这一方面领导具有自己的优势,掌握的材料多,看问题全面准确。他的文章、讲话也都充分体现了这一点,就是问题突出、观点明确,且多是用自己的语言进行言简意赅、主题鲜明的论述,而且一般而言篇幅短小,很少引用马克思恩格斯等革命导师的话。据统计,《邓小平文选》第三卷的 119 篇文章中,没有引用过马克思、恩格斯、列宁的话,毛泽东的只引用了一条。② 党的十一届三中全会后,他还明确提倡多写反映新的时代、新的生活,能给人民以鼓舞,振奋民族精神、革命精神的好文章。特别强调文章要表现人民的优秀品质、革命和建设取得的伟大的胜利、社会主义的优越性以及马列主义、毛泽东思想等。精练、朴实、明朗、准确,正是邓小平写作实践的真实写照。1992 年在武昌、深圳、珠海、上海等地的谈话中,他又特别指出了形式主义的问题。他说:"现在有一个问题,就是形式主义多……文章太长,讲话也太长,而且内容重复,新的语言并不很多。重复的话要讲,但要精简。形式主义也是官僚主义。要腾出时间来多办事,多做少说。毛主席不开长会,文章短而精,讲话也很精练。"③

习近平总书记批评的文风中存在的"假""长""空"现象,从实质上而言也是反对文章中的形式主义,强调文章的内容和文章的实际价值。

---

① 《邓小平文选》第一卷,人民出版社 1994 年版,第 146 页。
② 参见周小文:《邓小平是怎样写作的》,《秘书工作》2006 年第 3 期。
③ 《邓小平文选》第三卷,人民出版社 1993 年版,第 381 页。

2. 从问题出发，以问题为导向

从问题出发，分析问题，寻找解决问题的办法，是理论研究、创作文章的基本要求，也是我们党的优良传统。毛泽东说："应确立以研究中国革命实际问题为中心，以马克思列宁主义基本原则为指导的方针，废除静止地孤立地研究马克思列宁主义的方法。"[①]并进一步指出："如果你能用马克思列宁主义的观点，说明一个两个实际问题，那就要受到称赞，就算有了几分成绩。被你说明的东西越多，越普遍，越深刻，你的成绩就越大。"[②]而正视问题，明确地回答问题也成了他的文章的显著特点。在他的许多文章和讲话中，敢于正视问题，毫不含糊地回答问题，是其文风的又一特色。在《反对党八股》中，他明确提出："什么叫问题？问题就是事物的矛盾，哪里有没有解决的矛盾，哪里就有问题。既有问题，你总得赞成一方面，反对另一方面，你就得把问题提出来。"[③]1939 年 6 月，毛泽东为纪念抗日战争两周年写了《反对投降活动》一文，第一句就紧扣主题："中华民族在日本侵略者面前，历来存在的劈头第一个大问题，就是战不战的问题。"接着指出："'战则存，不战则亡'——这是一切爱国党派和一切爱国同胞的结论。'战则亡，不战则存'——这是一切投降主义者的结论。"[④]都是开篇就明确提出了核心问题，明了了文章的问题导向。邓小平也一直倡导写作要坚持问题导向，研究新情况，解决新问题。针对当前文风中存在的问题，习近平明确提出反对不以问题为导向的空话、套话，认为这些空话、套话"没有针对性，既不触及实际问题，也不回答群众关切，如同镜中之花，没味、没用"[⑤]。

坚持问题导向，其实就是在坚持领导干部进行理论文章创作的最根本的目的，那就是要发现问题、解决问题。事实也证明，只有从问题

① 《毛泽东选集》第三卷，人民出版社 1991 年版，第 802 页。
② 《毛泽东选集》第三卷，人民出版社 1991 年版，第 815 页。
③ 《毛泽东选集》第三卷，人民出版社 1991 年版，第 839 页。
④ 《毛泽东选集》第二卷，人民出版社 1991 年版，第 570 页。
⑤ 习近平：《努力克服不良文风，积极倡导优良文风》，《求是》2010 年第 10 期。

出发,老老实实地研究问题、解决问题的文章才成为有意义的文章,而不是"无病呻吟"。

3. 理论联系实际,以实效为根本

理论联系实际是我们党的优良传统,也是我们应该坚持的良好文风。在我们党革命和建设的历史上,倡导理论联系实际、坚持理论联系实际是我们老一辈无产阶级革命家、党和国家领导人进行理论创作的显著特点。毛泽东在《改造我们的学习》一文中指出,马克思主义的学风就是"有的放矢"的态度。"'的'就是中国革命,'矢'就是马克思列宁主义。我们中国共产党人所以要找这根'矢',就是为了射中国革命和东方革命这个'的'的。"①并将那些主观主义者描述为,"无实事求是之意,有哗众取宠之心。华而不实,脆而不坚。自以为是,老子天下第一,'钦差大臣'满天飞。"②并提出了研究"周围环境""近百年的中国史"的任务,明确提出将"干部教育要以研究中国革命实际问题为中心"。③ 不但明确了阐述了马克思主义的优良文风,而且具体地提出了理论联系实际的途径,即加强对实际情况的研究。其实在《反对本本主义》他就具体地指出了实现理论联系实际的根本途径——调查研究。他说,"没有调查就没有发言权",提出"调查就是解决问题"、调查能产生解决问题的办法。④ 毛泽东一贯反对那种"不调查,不研究,提起笔来'硬写'的宣传家",号召党的理论宣传工作者要"迈开双脚,学个孔夫子的'每事问',扎扎实实地做调查工作。没有调查就没有发言权"。《毛泽东选集》的演讲、报告等80%都与人民群众,尤其是劳苦大众的衣食住行密切关联。⑤《反对本本主义》《〈农村调查〉的序言和跋》《寻乌调查》等是有关调查研究的理论性文章。提出解决中国民主

---

① 《毛泽东选集》第三卷,人民出版社1991年版,第801页。
② 《毛泽东选集》第三卷,人民出版社1991年版,第800页。
③ 《毛泽东选集》第三卷,人民出版社1991年版,第802页。
④ 参见《毛泽东选集》第一卷,人民出版社1991年版,第109—110页。
⑤ 参见庾荣:《对中国共产党文风建设的思考——兼谈毛泽东的文风观》,《学校党建与思想教育》2013年1月。

革命中心问题的《湖南农民运动考察报告》是他从 1927 年 1 月 4 日起，历时一个多月，步行一千四百多里，深入考察了湖南湘乡、醴陵、长沙、湘潭、衡山等 5 个县的农民运动的成果。《中国的红色政权为什么能够存在?》《关于纠正党内的错误思想》《兴国调查》《长冈乡调查》《才溪乡调查》等也都是深入调查研究的结果。

邓小平一贯主张写文章要以解决实际问题为目的。他说，"马列主义、毛泽东思想的基本原理，我们任何时候都不能违背，这是毫无疑义的。但是，一定要和实际相结合，要分析研究实际问题。按照实际情况决定工作方针，这是一切共产党员所必须牢牢记住的最基本的思想方法、工作方法。"[①]"我们开会作报告，作决议，以及做任何工作，都为的是解决问题。我们说的做的究竟能不能解决问题，问题解决得是不是正确，关键在于我们是否能够理论联系实际，是否善于总结经验，针对客观现实，采取实事求是的态度，一切从实际出发。"[②]他一贯倡导理论联系实际，纵观邓小平的文章，都有明确的问题意识，也都特别注重理论联系实际。他非常反对写作不实事求是、照搬照抄、说空话大话假话的错误做法。1978 年 6 月，邓小平《在全军政治工作会议上的讲话》指出："我们领导干部的责任，就是要把中央的指示、上级的指示同本单位的实际情况结合起来，分析问题，解决问题，不能当'收发室'，简单地照抄照转。"[③]他主持起草的《关于建国以来党的若干历史问题的决议》，就很好地解决了"怎样评价毛泽东和毛泽东思想"，这一关系到党的团结、国家的安定，也关系到党和国家未来的发展前途的重大问题。其后，他还一再强调，"无论是开会、发言、写文章，都要进行充分的说理和实事求是的科学分析。"[④]强调要理论联系实际，努力解决问题，同时也不要做脱离的无法执行的规定，如他在一些讲话中说的"办

① 《邓小平文选》第二卷，人民出版社 1994 年版，第 114 页。
② 《邓小平文选》第二卷，人民出版社 1994 年版，第 113—114 页。
③ 《邓小平文选》第二卷，人民出版社 1994 年版，第 118 页。
④ 《邓小平文选》第三卷，人民出版社 1993 年版，第 47 页。

不到的事情就不要写"。

坚持理论联系实际,就是坚持马克思主义的唯物辩证法,就是坚持实事求是,通过调查研究,找出解决问题的办法。

4. 坚持准确、鲜明、生动的表达

毛泽东指出准确性、鲜明性、生动性是文章和文件都应具有的性质。这里就对文章的表达提出了要求,即文章的语言要能准确地表达文章的思想,能充分地表达文章的立场,能使文章的主题清楚明白。文章的内容和形式是统一的,尽管文章的内容是根本,但文章内容的良好的表达也需要适当形式。语言是一种表达形式,好的文章必然需要好的语言。领导干部进行理论创作是一种较为特殊的理论文章,它不同于一般的学术文章,而主要集中于依法行政、公务活动的领域,其主要目的在于阐明问题、表达意见、进行工作部署、团结群众等,从根本上在于更好地推进依法执政、依法行政的公务活动。因此,相较于一般的学术研究文章,领导干部理论文章的语言就特别要求准确、鲜明、生动。

一是语言要准确严谨。领导干部的理论文章传递着执政者的立场、理论、思想和意见,对于社会发展有引领性的影响,这就特别要求领导干部的理论文章的语言表达必须具有准确性。毛泽东在《工作方法六十条》指出:"文章和文件都应当具有这样三种性质:准确性、鲜明性、生动性。准确性属于概念、判断和推理问题,这些都是逻辑问题。鲜明和生动性,除了逻辑问题以外,还有词章问题。现在许多文件的缺点是:第一,概念不明确;第二,判断不恰当;第三,使用概念和判断进行推理的时候又缺乏逻辑性;第四,不讲究词章。看这种文件是一场大灾难,耗费精力又少有所得。一定要改变这种不良的风气。"①文中指出的"概念不明确""不讲究词章"等四种问题,实质上都是反映的语言表达的不准确等方面的问题,也明确提出了对文章语言准确性、严谨性的要求。对于文章准确性、严谨性,邓小平有着深刻的认识也有明确的论

---

① 《毛泽东文集》第七卷,人民出版社 1999 年版,第 359 页。

述。他认为，舆论宣传"有没有力量"，取决于质和量两个因素。"质是准确性。"①这里就肯定了文章准确性的重要性。主持起草《关于建国以来党的若干历史问题的决议》的过程就充分体现了他对准确性的要求。他说："决议草稿看了一遍。不行，要重来。""现在这个稿子没有很好体现原先的设想。""事实差不多，叙述的方法、次序，特别是语调，要重新斟酌、修改。""整个文件写得太沉闷，不像一个决议。"②在他看来，叙述方法、次序，语调，整体风格等都是关系文章准确性的因素。这就要求文章写作中，要避免抄袭、不当引用、生造词语、使用模糊词句等现象，而要选用恰当的词语、进行逻辑严谨地表述。

二是语言要朴实明白。领导干部的理论文章在很大程度上是要让广大人民群众去阅读的，只有这样才能发挥其指导工作、统一思想、团结群众等作用。而这也是领导干部理论文章不同于一般的学术研究文章的重要特征。毛泽东是文章大师，也是语言大师。对于党内一些文章让人看不懂的现象，他进行了持续不断的批评。而他自己写文章，总是语言准确、鲜明、生动。在《为人民服务》一文中，他说："我们都是来自五湖四海，为了一个共同的革命目标，走到一起来了。我们还要和全国大多数人民走这一条路。我们今天已经领导着有九千一百万人口的根据地，但是还不够，还要更大些，才能取得全民族的解放。"鲜明地体现了他的语言风格中的通俗朴实的特点。邓小平非常注意文章的朴实明白。他说："我们讲了一辈子马克思主义，其实马克思主义并不玄奥。马克思主义是很朴实的东西，很朴实的道理。"③他特别善于用朴实明白的语言表达深刻的道理。《邓小平文选》思想内容深刻，观点清楚明确，但无论是文章还是讲话都是语言朴实，明白通俗。而对于晦涩难懂的文章，他也常常进行批评，甚至直接动手修改。1977 年，对于教

---

① 《邓小平文选》第一卷，人民出版社 1994 年版，第 149 页。
② 《邓小平文选》第二卷，人民出版社 1994 年版，第 297 页。
③ 《邓小平文选》第三卷，人民出版社 1993 年版，第 382 页。

育部的高考招生文件,他认为"写得很难懂,太繁琐"①,并亲自动手做了较大幅度的修改,使得文件变得明白易懂。比如,他的"猫论""两手论"等通俗明白的人民群众的语言。习近平总书记的文章、讲话也充分体现通俗、朴实、明白、接地气的特点。"小康不小康,关键看老乡";"中国这头狮子已经醒了,但这是一只和平的、可亲的、文明的狮子";"既要金山银山,也要绿水青山"等这些既朴实又经典语言很多已成为人民群众耳熟能详的话语。这也充分体现了朴实明白的语言的魅力。

三是语言要鲜明生动。语言呆板晦涩并非政论文章的符号。《共产党宣言》就极具生动形象的艺术之美。如开头"一个幽灵,共产主义的幽灵,在欧洲游荡",就生动形象地描述了欧洲共产主义运动的状况。我们党的历史上,对于领导干部理论文章的生动活泼的要求也是一贯的。毛主席在《反对党八股》中提出,写文章做演说要用"生动活泼切实有力的话",进而指出,"要向人民群众学习语言""要从外国语言中吸收我们所需要的成分""我们还要学习古人语言中有生命的东西"。② 鲜明就是要使语言能表达自己的创新的观点和意见。邓小平写文章讲话都是使用自己的语言,很少使用别人说过的话,也很少引用革命导师的话。"中国不改革开放,只能是死路一条";"改革开放政策不变,几十年不变,一直要讲到底";"基本路线要管一百年,动摇不得"等这些话语都是具有他的鲜明个性的语言,既朴实明白,同时又语义深刻、观点鲜明。为了打破僵化,实现创新,他一再呼吁"学会用自己的话来写文章"。③ 习近平总书记的文章或是用典故、或是打比喻、或是摆实例,也都是朴实亲切、鲜明生动。

---

① 《邓小平文选》第二卷,人民出版社 1994 年版,第 69 页。
② 《毛泽东选集》第三卷,人民出版社 1991 年版,第 837 页。
③ 《邓小平文选》第三卷,人民出版社 1993 年版,第 118 页。

第三章　改进讲话的文风

　　领导讲话是领导参与公务活动的一种方式，是实施领导职能的重要途径，是领导者不可或缺的领导方式和工作方式。无论是高级领导还是基层领导，无论是在机关还是在企事业单位，只要做领导工作，就离不开讲话。不论是解释政策、安排工作，还是发动群众、教育群众，都需要通过讲话来完成。好的领导讲话对于贯彻上级路线方针政策、指导本级和下级工作，以及宣传发动群众、鼓舞士气都具有十分重要的作用。古人讲："一人之辩重于九鼎之宝，三寸之舌强于百万之师。""口能言之身能行之，国宝也。"领导者讲话，既是一种思想观点和能力水平的展现，是一个人立场、态度、方法和感情的表达，也是一种领导艺术和技巧的反映。可以说,讲话是领导者必备的一项基本功,是考验领导者综合素质、评价领导水平的一把尺子。要做一名称职的领导者,必须具备较高的讲话水平,最基本的要求就是让人爱听。

一、正式讲话的语言风格

(一)不同会议类型对讲话的要求

领导讲话类型有很多种划分方法,其中一种划分方法就是根据会议或者工作安排的正式程度划分为正式场合讲话和即兴讲话两种。我们先来谈一下正式场合的讲话。一般而言,正式场合的工作会议,都事先有议程,领导讲话可以提前拟好讲话稿,从而能够确保讲话的准确度和讲话质量。不同类型的讲话,有不同的要求。比如会议开幕词或者动员性讲话,一般在比较隆重的大型会议上使用。内容主要是讲明会议的目的、意义,简要介绍会议主要内容,讲话稿要文字简短,简明扼要,提纲挈领,激发听众的兴趣。动员会议讲话稿,语言要鼓舞人心,激励士气。工作会议讲话稿,要根据既定的会议内容讲对某一项或几项工作的要求,要思路明确,条理清晰,逻辑清楚,层层递进,文风要实。专题报告会上的讲话、学习理论心得体会、外出考察报告等,内容要有思想性,理论与实际结合,有思维深度、厚度、给人以启示和借鉴。工作进展推进会上的讲话要根据工作进展情况,肯定成绩,针对存在的问题或薄弱环节,有针对性地强调一方面或几方面的工作。提出要求要明确、具体,具有指导性、针对性和可操作性。现场会、经验交流会上的讲话,要充分运用与会人员看到和听到的先进事迹和经验,进行深入分析和总结,要求学习、推广,促进工作。语言要有较强的说服力、号召力。在综合性会议上的专题发言稿,主要是就分管领域、某一方面工作介绍情况或者提出意见。要做到主题突出,既要讲清意义以提高认识,又要讲清思路,务求实效。闭幕词或总结性讲话,要梳理概括会议的主要成果和收获,提出贯彻落实会议精神的要求,既要有高度,又要有感召力。

(二)权威性、准确性是领导讲话的基本要求

领导者所处的地位决定了领导讲话具有权威性,并且在不同的场合权威性有不同的表现形式,领导者受自身角色限制,其在正式场合与非正式场合的讲话均具有权威性。准确性是领导讲话的基本要求,领导讲话的准确性一般包括以下几个方面:语言运用的准确性,说明问题的准确性和掌握知识的准确性。要做到准确,就必须弄清本质,就是要讲符合实际的话不讲脱离实际的话。这就要求领导讲话或者写文章,力求反映事物的本来面目,分析问题要客观、全面,既要指出现象,更要弄清本质;阐述对策要具体、实在,要有针对性和可操作性。要实事求是,有一说一、有二说二,是非分明,既不夸大成绩,也不掩饰问题。准确性的要求并不是说照本宣科,而是要讲清楚上级的要求并结合本地本部门的实际;准确性的要求不等于要多高深,不等于都是书面语,而是要通俗明白,目的是让人准确理解和把握。要用语准确、深入浅出,不能词不达意,要用朴实的语言阐述深刻的理论。不能故弄玄虚,"以己昏昏,使人昭昭"。要做到权威和准确,就必须保持严谨细致的作风。古人云:"一字之失,一句为之蹉跎;一句之误,通篇为之梗塞。"1990 年,习近平同志就引用这句话来说明严谨的重要性。他在与宁德地县办公室干部谈心时专门论及文件起草问题时提出:办公室起草文件,并不要求文字要多优美,但一定要严谨,这个要求决不过分,因为这直接关系到工作决策问题。习近平同志在浙江工作期间指出,文风也能体现一个领导干部的能力和水平。有的人讲话光风霁月,让人觉得简单明了透彻,而有的人讲话云遮雾绕,让人捉摸不透。云遮雾绕,玄而又玄,其实是能力不够、水平不高,既弄不明白问题的是非对错,又怕承担责任,所以只能装腔作态,故作高深。

习近平同志在批评一些领导干部讲话中存在的不良风气时指出,在有些领导干部中也确实存在着比较严重的形式主义,这必须引起高

度重视。一是水平不足。主要指知识经验不够,功底能力达不到。二是思想懒惰。不愿深入调查研究和独立思考,不下苦功,照抄照讲现成文件书本。三是追求"一致"。认为照讲文件报刊的话才是同上级和中央"保持一致"。四是责任误解。认为讲长话就是负责任,是对工作重视和认真的表现,给哪个部门讲的话长就是重视哪个部门。五是不负责任。明知用处不大,但照念不误。六是怕犯错误。认为讲大空套话、歌功颂德的话最保险,不会犯错误。这些错误的做法是必须避免的。这里需要说明,一些关于党和国家工作的总体性要求,事关全局,事关党和国家前进方向及政策连续性,事关党的团结和社会稳定,需要在重要文件和重要讲话中反复强调。这和形式主义的套话、穿靴戴帽是两回事。

(三)根据受众不同,讲话要用群众听得懂的语言

要做到准确地使用语言,首先要看准自己使用语言的客观环境。任何演讲都要从受众出发,看清对象,因人而发。毛泽东指出:"共产党员如果真想做宣传,就要看对象,就要想一想自己的文章、演说、谈话、写字是给什么人看、给什么人听的,否则就等于下决心不要人看,不要人听。"①作为领导干部,不论讲话、写文章都要先看看对象。是群众大会,还是小型座谈,是个别谈心,还是大会发言,是党内同志,还是国际友人,不同的对象要使用不同的语言,要根据特定的客观环境和特定的谈话对象来决定与限制。"当你写东西或讲话的时候,始终要想到使每个普通工人都懂得,都相信你的号召,都决心跟着你走。要想到你究竟为什么人写东西,向什么人讲话。"②这就要求领导讲话一定要适应受众,要贴近受众,要调整好与受众的关系,对受众要有感情,要采取和读者处于完全平等地位的态度。领导要站在人民群众的立场,讲人民想说的话、爱听的话和能听得懂的话。"必须是满腔热情地用保护

---

① 《毛泽东选集》第三卷,人民出版社 1991 年版,第 836 页。
② 《毛泽东选集》第三卷,人民出版社 1991 年版,第 843 页。

人民事业和提高人们觉悟的态度来说话。"

　　领导讲话语言要通俗易懂,注意使用大众化语言,即"用大白话讲清大道理",使群众容易理解。毛泽东说:"要向人民群众学习语言。人民的语汇是很丰富的,生动活泼的,表现实际生活的。"毛泽东的语言根源之一是底层与民间。毛泽东善于将民间语言、民族语言、中国语言拿来表述他的政治思想。毛泽东在 1938 年中共六届六中全会上鲜明地提出"使马克思主义在中国具体化",就是他和他的同志们让马克思主义说中国话、说符合中国实际的话,说中国的老百姓能够听懂的话。像"愚公移山""治病救人""夹着尾巴做人""搬起石头打自己的脚"等,信手拈来,挥洒成譬,有从书本学来的,更多是从民间学来的,不过他巧妙地在其中融入自己的思想,构成新的气象。毛泽东讲"枪杆子里面出政权""党指挥枪""没有调查研究就没有发言权""从群众中来,到群众中去"。毛泽东说:"一张白纸,没有负担,好写最新最美的文字,好画最新最美的图画。""同错误思想作斗争,好比种牛痘,经过了牛痘疫苗的作用,人身上就增强免疫力。"毛泽东的语言扎根于民间,从而为民众所喜闻乐见,体现了中国作风和中国气派,难怪文学翻译家傅雷在给儿子的信中感叹:"他的马克思主义是到了化境的,随手拈来,都成妙谛。"

　　毛泽东写作博大精深的理论文章,从来不板起面孔讲大道理,而是运用群众的语言,把高深的马克思主义理论讲得极其平易通俗,一听就懂,即使是没有文化的人也能心领神会。古代白居易非常重视语言的通俗性,曾有"新诗吟罢读给老妪听"的佳话,而毛泽东著作的读者拥有亿万人,他化精深为平易的才能是前无古人的。毛泽东熟悉人民群众的生活与思想感情,并十分注重向广大人民群众学习语言。在《反对党八股》一文中他强调:"人民的语汇是很丰富的,生动活泼的,表现实际生活的。"①

---

　　① 《毛泽东选集》第三卷,人民出版社 1991 年版,第 837 页。

1949 年，解放战争的炮声尚未停息，毛泽东便谆谆告诫全党："可能有这样一些共产党人，他们不曾被拿枪的敌人征服过，他们在敌人面前不愧为英雄的称号，但经不起人们用糖衣裹着的炮弹的攻击，他们在糖弹面前要打败仗，我们务必预防这种情况。"

邓小平讲话深入浅出，通俗易懂，如"摸着石头过河""不管黑猫白猫，抓住老鼠就是好猫""发展是硬道理""一百年不动摇"；"两手抓、两手都要硬"等著名论断被百姓熟知。邓小平曾对文风、会风批评指出，"现在有一个问题，就是形式主义多。电视一打开，尽是会议，会议多，文章太长，讲话也太长，而且内容重复，新的语言并不很多。重复的话要讲，但要精简。形式主义也是官僚主义。要腾出时间来多办实事，多做少说。"

习近平同志指出，群众的思想最鲜活、语言最生动。深入群众，你就来到了智慧的大课堂、语言的大课堂，我们的文件、讲话、文章就可以有的放矢，体现群众意愿，让群众愿意看、看得懂，愿意听、听得进。深入群众，领导讲话、写文章就可以有的放矢，体现群众意愿。党的十八大以来，习近平总书记在文风上作出了表率和垂范。2025 年新年前夕，习近平总书记又发表了新年贺词，像老百姓唠家常一样，表达了对全国人民和世界的祝福。其中提到，"家事国事天下事，让人民过上幸福生活是头等大事"等，充分体现了习近平总书记强烈的为民情怀和担当精神，同时也再一次彰显了习近平总书记朴实、真切、可亲的文风。

习近平总书记经常使用群众喜闻乐见的语言。"中国梦"成为凝聚起亿万人民力量的"最大公约数"。"中国要强，农业必须强；中国要美，农村必须美；中国要富，农民必须富。""人民创造历史，劳动开创未来。"在谈到科技问题时，他用"块头大不等于强，体重大不等于壮，有时是虚胖"来说明只有经济总量而没有先进科学技术支撑是不够的。

习近平总书记的讲话深入浅出，用最朴实的话，讲出了深刻的道理。比如,习近平总书记讲一个国家发展道路的选择,说"鞋子合不合脚,自己穿了才知道";用"国家好,民族好,大家才会好"这样平实的话,来阐明每个人的前途命运与国家、民族的前途命运紧密相连等。他用"穿衣服扣扣子"说明核心价值观对人生的重要性;"使核心价值观的影响像空气一样无所不在、无时不有"。他用"打铁必须自身硬"提出了对领导干部素质的高要求;"党性是党员干部立身、立业、立言、立德的基石",用"钙"形容理想信念,"缺钙"就会得"软骨病",发人深省;用"总开关""总钥匙"形容世界观、人生观和价值观对人的作用,引人深思。团结是全党的大事。领导干部在一个班子里共事,要心往一处想,劲往一处使,大事讲原则,小事讲风格,勤沟通、多补台,一把尺子待人、一个标准行事。把权力关进制度的笼子里,使党员干部既不能有野心、坏心,更不能有贪心、懒心。"发扬钉钉子的精神,切实把工作落到实处。"在全国党校工作会议上,习近平总书记强调:"马克思主义就是我们共产党人的'真经','真经'没念好,总想着'西天取经',就要贻误大事。"通俗易懂、切中要害。

习近平总书记批评干部的不良作风时,用一些来自百姓常说的大白话来说明深刻的道理,可谓是一针见血。他讽刺文山会海时说"有一副对联,上联是'你开会我开会大家都开会',下联是'你发文我发文大家都发文',横批是'谁来落实'"。中央提出开展党的群众路线教育实践活动,"照镜子、正衣冠、洗洗澡、治治病",用词形象生动。习近平总书记说"批评和自我批评是一剂良药",要"有一点'辣味',让每个党员干部都能红红脸、出出汗"。这样生动的语言,可谓举重若轻、通俗质朴,体现群众意愿,让群众愿意看、看得懂,愿意听、听得进,广为传播、深入人心。

习近平总书记的讲话和文章经常使用通俗易懂的语言来阐述深刻的理论,让普通大众听得懂,易理解,便于践行;同时,通过低调、亲和的姿态与人民大众交流,以拉近同群众之间的距离。在习近平总书记的系列重要讲话中所使用的俗语、俚语远不止这些。如:用"村看村、户看户、农民看支部""给钱给物,还要建个好支部"等浅白的语言,说明农村党支部在农村各项工作中的核心地位;用"麦苗盖上雪花被,来年枕着馍馍睡""麦要浇芽,菜要浇花""寸麦不怕尺水,尺麦但怕寸水"等农业谚语,告诫领导干部要多学些农业基本知识;用"打铁还需自身硬"来表示党的自身建设的重要性;用"照镜子、正衣冠、洗洗澡、治治病"等口头语来要求领导干部要按照党纪,对照典型,正视缺点;用"老虎"比喻违法乱纪的领导干部;用"苍蝇"比喻群众身边的腐败问题;用"踏石留印、抓铁有痕"明示建设廉洁政治的决心;用"同样一桌饭,即使再丰盛,8 个人吃和 80 个人吃、800 个人吃是完全不一样的"来说明中国依然是一个最大的发展中国家的明显事实;用"鞋子合不合脚,自己穿了才知道"来说明,只有自己国家的国民才有足够的权利和资格选择自己的发展道路;在谈到环境保护问题时说"青海是中华水塔,西藏是世界屋脊""天高滚滚粉尘急"等。这些俗语或俚语因其来自民间而更容易为老百姓所理解和接受,习近平总书记在讲话和文章中大量使用这些语言,既可以拉近与老百姓之间的距离,又可以收到画龙点睛之功效。

(四)通过讲故事来吸引人,从而讲明道理

讲故事是领导讲话取得好效果的法宝。在讲话和行文中穿插典型生动的故事,通过故事来讲道理,可以使道理讲得既深入浅出、引人入胜,同时也易于受众接受和理解。习近平总书记的讲话经常寓道理于故事,以事实讲道理。在《之江新语》一书的《领导干部必须做到"守土有责"》一文中,习近平同志讲了明成祖迁都到北京后,"天子守国门"的故事;还讲了清代守钱塘江大堤的故事。通过讲这些故事,倡导领导干部要像明初的官员那样,拥有强烈的责任感,敢于担当,做到守土有责。在《生活情趣非小事》一文中,他举了两则寓言故事,一是《宋人轶事汇编》上的故事,另一则是《南村辍耕录·缠足》上所记载的事例,说明领导干部应该注意自己的生活细节,尤其是在当前的复杂形势下,更

要注意培养健康的生活情趣,时时刻刻检点自己的生活行为,永葆共产党人的政治本色。在此基础上指出:领导干部的生活作风和情趣关系到老百姓的生活情趣的培养,关系到党和领导干部在群众中的形象和地位,对社会风气有着重要影响。

(五)引用寓言和典故,发人深思

寓言是一种带有劝谕性或讽刺性的小故事。其形式短小精悍,形象鲜明,比喻生动,语言活泼,充满发人深省的警句。在领导讲话中如果将一些寓言、典故使用得好,会更加生动,发人深思。毛泽东在《将革命进行到底》的讲话中,就引用了《伊索寓言》里的"农夫和蛇"这个寓言,从而告诫人们记住那个善心的劳动者的遗嘱,决不怜惜蛇一样的恶人,"像粉碎敌人的军事进攻一样,粉碎敌人的政治阴谋,把伟大的人民解放战争进行到底!"在演讲中插入寓言,必须做到有较强的针对性,有较深的寓意。只有有的放矢,揭示的哲理又有一定的深度,才能把寓言用活,使它恰到好处。

穿插的目的主要是为了说明道理,说服听众,激发兴趣,增强记忆,调节会场气氛。因此,在使用穿插时,要做到以下几点:一是贴切,即要符合文义,自然和谐,不能牵强附会,生拉硬造。二是巧妙收放,恰到好处,不能随意地穿插和漫无目的的。三是典型,即穿插的话或事,要能充分说明问题和道理,切不可单纯地为了追求趣味,而过多、过滥、过乱,胡子眉毛一起抓。否则,就会喧宾夺主,中心旁移,有损于讲话效果。四是衔接,即要与讲话的上下内容浑然一体,条理清楚,紧凑连贯,不能杂乱无章,语无伦次。

毛泽东喜爱历史典籍和古典文学,对文学掌故和历史人物了如指掌,所以作报告、写文章时能做到信手拈来,趣味横生。他有时在篇名中使用典故或熟语,如《星星之火,可以燎原》一文,用"星星之火,可以燎原"这句中国的老话形象地说明了革命形势发展的希望,极大地鼓舞了人心。又如《愚公移山》一文是毛泽东在党的七大闭幕式上的讲话,讲的是中国共产党要推翻帝国主义和封建主义两座大山,虽然艰难也要坚持直至胜利。文章篇名选用"愚公移山"这一成语典故来概括全文,就是看到了中国共产党要推翻两座大山和愚公移山这一行为的共同之处,使篇名不仅概括,同时也显得新颖、引人入胜。

(六)感情真挚,以情感人

毛泽东在《团结起来,为实现党的任务而斗争》一文中,写道:"无数革命先烈为了人民的利益牺牲了他们的生命,使我们每个活着的人想起他们就心里难过,难道我们还有什么个人利益不能牺牲,还有什么错误不能抛弃吗?成千上万的先烈为着人民的利益在我们前头英勇地牺牲了,让我们举起他们的旗帜,踏着他们的血迹前进吧!"这些深挚感人的肺腑之言,蕴含着纯真的无产阶级感情,是对革命先烈的深情悼念,又是对我们每个活着的人的谆谆教诲与鞭策。

毛泽东在把马克思列宁主义同中国革命和建设的实践相结合,领导中国革命和建设走向胜利的过程中,虚心向人民群众学习,为诗词创作积累了大量丰富而生动的词汇。早年又下功夫学习过梁启超的"报章体",对梁氏"笔锋常带感情"的主张是心领神会的。在他看来,即便是政治评论这样事关重大、应该严肃对待的文体,也"并不排斥抒情"。当作者伸张革命真理、为人民利益而辩护时,行文中常常有一股赞颂的自豪的激情。毛泽东在《纪念白求恩》中写道:"从前线回来的人说到白求恩,没有一个不佩服,没有一个不为他的精神所感动。晋察冀边区的军民,凡亲身受过白求恩医生的治疗和亲眼看过白求恩医生的工作的,无不为之感动。每一个共产党员都要学习白求恩同志的这种真正的共产主义精神。"

(七)灵活运用语言,通过比喻等各种修辞手段,努力做到形象生动

领导干部不论是写文章、作报告、演说、对话、交谈等情况下,都需

要使用容易被对方接受的鲜明生动的语言,坚持摒弃那种艰涩难懂,空洞乏味的语言。毛泽东博览群书,他的文章或者讲话中经常灵活运用历史典故、神话传说、民歌民谣、文言辞语,生动形象,令人印象深刻。

毛泽东在《改造我们的学习》一文中用了"墙上芦苇,头重脚轻根底浅;山间竹笋,嘴尖皮厚腹中空",来形容那些没有真才实学、好说大话的人,这就生动活泼、深入浅出地阐明了要把工作做好,必须有真才实学的道理。领导讲话要会用各种修辞手段把事物的情状和作者的思想感情生动地描绘出来,新鲜别致,活泼动人,使人易于理解和接受。

1944年10月,毛泽东在延安中央大礼堂接见八路军359旅南下支队的全体干部时,要求大家学习松树和柳树的本领,注意原则性与灵活性的有机结合。他说:"你们要学会两种本领,一种是松树的本领,一种是柳树的本领。松树冬夏常青,不怕刮风下雪,严寒之中也毅然屹立,松树有原则性;柳树插到哪里都能活,一到春天枝长叶茂,随风飘扬,十分可爱,柳树有灵活性,二者缺一不可。"

在《论联合政府》一文中,毛泽东谈到"开展认真的自我批评"时指出:"我们曾经说过,房子是应该经常打扫的,不打扫就会积满了灰尘;脸是应该经常洗的,不洗也就会灰尘满面。我们同志的思想,我们党的工作,也会沾染灰尘的,也应该打扫和洗涤。"①

在《党委会的工作方法》一文中,毛泽东倡导领导干部要学会"弹钢琴"。既要掌握旋律把握节奏,又要统筹全局抓点带面,有主有次,互相配合,紧张而有秩序地工作。他说:"弹钢琴要十个指头都动作,不能有的动,有的不动。但是,十个指头同时都按下去,那也不成调子。要产生好的音乐,十个指头的动作要有节奏,要互相配合。党委要抓紧中心工作,又要围绕中心工作而同时开展其他方面的工作。……这个方法我们一定要学会。"②

---

① 《毛泽东选集》第三卷,人民出版社1991年版,第1096页。
② 《毛泽东选集》第四卷,人民出版社1991年版,第1442页。

毛泽东在主持中共七届七中全会第三次会议时,开宗明义地要求:"发言要精彩、生动、多样性,还要短。要有内容,要有表扬、有批评、有成绩,也有缺点,有解决的办法,不要千篇一律。"①他多次强调指出:"我们党所进行的一切宣传工作,都应当是生动的,鲜明的,尖锐的,毫不吞吞吐吐。"②

(八)旁征博引,说明道理

引用也是常用的一种修辞手法。领导要在讲话上下大功夫,使语言充满生机活力,增强号召力和感染力。习近平总书记在讲话中经常引用马克思、恩格斯、列宁、毛泽东等的经典论述,增强理论力量;同时,为了更深刻地表达自己的观点见解和思想情感,同时也经常巧妙引用中国经典古诗文,引用成语、格言等,引经据典,信手拈来,达到引人入胜的效果。这类引用有利于展现领导高超的思想能力和高度的文化自信。习近平总书记擅长引用经典古诗文,这实际上是在弘扬中国传统文化,是在打造中华文化名片,是向世界展示中国的"软实力"。中国历史文化意蕴深厚,古人用典更是非常考究,崇尚"无一字无来历"。习近平总书记继承和发扬了这一民族传统文化,时时处处传播经典,增强了经典的生命力,让它们从古籍文字中"飞入寻常百姓家",走进现代社会生活,走向全世界。可以说,习近平总书记的讲话是激活中华传统文化宝库的生动范本。

习近平主席在 2015 年博鳌亚洲论坛年会上提到:东南亚朋友讲"水涨荷花高",非洲朋友讲"独行快,众行远",欧洲朋友讲"一棵树挡不住寒风",中国人讲"大河有水小河满,小河有水大河满"。习近平主席讲话用词凝练、语言灵动、意味隽永;引用古典中外名句驾轻就熟,恰到好处,而且起到画龙点睛、振聋发聩的效果。由此可见,领导讲话要

① 逢先知、金冲及:《毛泽东传(1949—1976)(下)》,中央文献出版社 2003 年版,第519 页。

② 《毛泽东选集》第四卷,人民出版社 1991 年版,第 1322 页。

充分发挥个人语言魅力,提升语言艺术,使讲话风格个性鲜明,务实而不失生动,达到讲话的最佳效果。

如习近平总书记用《晏子春秋》里的"德莫高于爱民,行莫贱于害民"说明党员干部要牢记宗旨的重要性。用刘备遗诏中的"勿以恶小而为之,勿以善小而不为",以告诫党员干部要从细节琐事提高自身拒腐防变的能力。以"些小吾曹州县吏,一枝一叶总关情"这句话来说明党员领导干部要时刻摆正自己的立场,真正使自己站在人民大众的立场上,培养对人民群众的真挚感情。他引用《荀子·修身》里的"道虽迩,不行不至;事虽小,不为不成""为政贵在行,以实则治,以文则不治"来说明"空谈误国,实干兴邦"的道理。他引用李商隐的"历览前贤国与家,成由勤俭败由奢",告诫党员干部要时刻以勤俭为荣,以奢侈浪费为耻。他还引用汉代王符的"大鹏之动,非一羽之轻也;骐骥之速,非一足之力也",来说明中国的发展、中国梦的实现要依靠13亿人民的力量,而不只是某个英雄人物。

习近平总书记经常引用名家名作名言,如用苏轼"为国不可以生事,亦不可以畏事",强调干部要有勇气和担当;用"天下之患,最不可为者,名为治平无事,而其实有不测之忧"提醒干部对已经看得清的问题,要深入研判、早作谋划、从容应对;用"临大事而不乱,临利害之际不失故常"教导干部要临危不乱、处事不惊。他引用于谦《咏煤炭》中"但愿苍生俱饱暖,不辞辛苦出山林"的诗句要求干部要抓实做细民生工作。从其语言风格中能折射出他的治理理念和执政风格。习近平总书记善于从中外传统文化中汲取治国理政的养分,这既是他重视名家经典、史学典籍和文学名著的原因,也是其形成广征博引、纵横捭阖的语言风格的来源之一。

二、即兴演讲的语言风格

领导工作特别是基层干部经常有各种场合,需要脱稿讲话,也称即兴演讲,没有现成的书面稿可以依赖,是对领导干部思想作风、能力水平、工作态度的重要考验,是展现领导学识、口才、随机应变能力、亲和力、拉近与群众感情的重要手段。领导者有很多即兴讲话的机会,如果每一次即兴讲话都能讲得生动、精彩,无疑会给听者留下深刻的印象,进而提高领导者在群众中的威信。

(一)平时注意积累,选好切入点

即兴讲话是领导者的一项基本工作。领导者出席座谈会、讨论会、协调会、工作会,参加一些礼仪活动,外出参观学习,下基层检查指导工作,接待群众来访等,经常要作即兴讲话。即兴讲话没有现成的稿子,来不及认真准备,容不得深思熟虑,全靠现场思索和临场发挥。且"一言既出,驷马难追"不容修改和掩饰。即兴讲话不是随随便便就能讲好的,它要求讲话者善于学习、善于积累、善于调查研究,不断提高发现分析解决问题的能力素质。这不是一蹴而就的,也不是他人可以代劳的,需要自己下苦功夫、做有心人,做到多看、多听、多想,时时处处把学习思考放在第一位,同时还要沉得下去,多了解基层群众疾苦,知道他们想什么、关心什么、需要什么。只有这样,讲起话来才能有的放矢、入木三分,受众才能爱听并乐于接受。

即兴讲话前,往往容易紧张。只有抓住机会,创造机会多加练习,才能不断消除顾虑胆怯心理。要摆脱对书面讲稿的依赖,除了平时积累以外,打有准备之仗。经过调查研究才有发言权。领导讲话前要深入实际、深入群众了解情况,包括群众的所思、所想、所盼,这样讲话才能有针对性,防止信口开河、信马由缰和不着边际、不知所云。在安排活动的前一天,除了按照会议议程准备相关资料外,要提前估计可能碰到的各种情况,学习相关文件及政策,同时预先了解相关领域工作开展情况,思考一下工作的重点要求,才能"手中有粮,心里不慌"。在讲话前先将讲话场景和讲话内容在头脑中进行设计,学会打腹稿,对讲什么话题、首先讲什么、然后讲什么、最后讲什么,哪里是铺垫、哪里是高潮、哪里是重点、用什么语气等做到心里有数,胸有成竹,才能克服紧张不安情绪,讲起话来才能纵横捭阖、收放自如。即兴讲话选好切入点、选择好话题十分重要,恰当的话题是即兴讲话成功的基石。应围绕一个主题去讲,不可漫天撒网,信马由缰。选择合适的话题,一般要遵循以下几条:一是选择与会议主题相关而又符合语言环境的话题。任何会议和活动都有自己的主题,即兴讲话首先要紧扣这个主题,否则就会跑题,干扰会议方向。同时,讲话除了应景之外,还要应人,即要根据受众的职业特点、性别、年龄、文化程度、思想水平、处境心情确定话题。二是选择能吸引和打动听众的话题。选择话题要考虑听众是否关心是否愿意听。如果听众对此不感兴趣,即使你津津乐道讲得口干舌燥,也没人听。即兴讲话要尽量选择那些与听众关系密切、听众熟悉、能给人启发的内容作为话题。三是选择有独到之处的话题。即兴讲话讲得好不好,有没有水平关键是看讲话有没有新意,有没有新话,有没有独到之处。如果老生常谈把众所周知的事、放之四海皆准的道理讲个没完,听众就会感到厌烦。因此要在仔细观察现场、会场氛围,知己知彼的基础上确定一个好的话题,追求新意。切忌把别人说过的话题拿来再说,力戒雷同。做到这一点,关键是转换角度,提高层次,另辟蹊径。要综观全局,仔细观察,再作决定。若先说就要出奇制胜先声夺人;若后讲,也要后发制人,道别人之未道,方显独到,高人一筹。四是选择能借题发挥的话题。即兴讲话最担心的是没有话说或话说不下去,但如果你能"借"到可以生发新意的事物,就不会有这层担心了。能"借题发挥"的事物很多,如人名、地名、前者的讲话内容、会议的氛围、自然景物等等。只要能生发新意,切合会议宗旨,都可以大胆使用。要不落窠臼,言之有"新"。讲话水平最终是由思想水平决定的,没有深刻观点,只有华丽辞藻,听起来也像白开水一样乏味。人们总是喜欢新生事物,哪怕是听人讲话,如果人云亦云、鹦鹉学舌,老是那一套,就很难吸引人。所以,领导讲话也应该有新意,有新思想和新观点,独到见解,不落俗套,给人耳目一新的感觉。即使不可能做到经常"语出惊人",也要善于创新,讲出些新鲜话。要生动活泼,言之有"趣"。讲话不仅要让人听得明白,还要让人易于接受。五是选准场合。脱稿讲话,场合选择至关重要。轻松欢快的场合可讲。如表彰会、文艺晚会等催人奋进、轻松欢快的场合,领导干部可脱稿讲话,总结成绩,活跃气氛等。

(二)虎头豹尾,逻辑有序

虎头豹尾是演讲成功的重要经验。即,开好头,结好尾。因此,领导讲话要在开场白和结尾处多下功夫琢磨,开头部分要抓住听众的注意力,结尾部分要做总结或号召或提出要求,发人深思,令人回味无穷。中间部分要做到层次清晰,条理清楚。领导讲话,要因时因事因人,对讲话内容、讲话的语言等进行适当的变化,不应千篇一律。

1. 因"时"起兴

一般而言,领导经常是在某个特定的时间、节日开展活动时需要即兴讲话,这时候就可以季节、时节、时令作为即兴讲话开场白的由头。以此引出话题,生发开来,不仅会增加即兴讲话的现场感,同时也会唤起听众的同频共振。

2. 因"地"起兴

如国家主席习近平在 G20 峰会欢迎宴会上致辞的开头是这样说的,"这是一个让人期待的夜晚,在二十国集团领导人第十一次峰会召开之际,我们相聚西子湖畔"。

3. 因"景"起兴

领导讲话开场白可以从情景、景色出发,春夏秋冬景色不同,可以作为铺垫,和讲话主题挂起钩来,比如在开学典礼讲话和毕业典礼讲话可以用不同的景色表示欢迎和欢送的感情,让人触景生情,使听众产生情感共鸣。

4. 随机应变

参加各种会议、活动时,会场上突发意外情况是常有的事。面对突如其来的变化,即兴讲话者如果心理准备不足,就会惊慌失措,陷入尴尴被动的窘境;若能镇定自若,处变不惊,以变应变,将会收到意想不到的奇效。

开场白讲话时要别开生面,最好是开门见山,直奔主题,毫无隐讳地谈自己的看法,和盘托出,或者采取讲故事、说笑话、提问题等方式吸引大家注意力,这样才能让人倍感亲切。毛泽东的《改造我们的学习》,第一句就是"我主张将我们全党的学习方法和学习制度改造一下"。

领导者要重视理论学习,提高思想政治水平和研究解决问题的能力,再加上有较好的语文修养和口头表达能力,讲话才会有水平。领导讲话思路要开阔。想要表达什么意思,应该事先在头脑里作一下思考,整理一下思路,然后,设想出讲话内容的层次。比如,工作部署讲话应分析新形势、新任务,分析问题要符合实际,有的放矢,增强针对性和可操作性,便于群众执行,不要泛泛而谈。让听众增强信心、鼓舞士气。工作总结讲话应有新经验、新感受,正反典型最好是身边人、身边事,让群众有共鸣、有触动。其次,语言生动活泼。有的领导讲话群众不爱听,主要是因为讲话或高高在上、发号施令,或太冗长、内容空洞,或逻辑混乱、语句乱堆,或语言不美、枯燥乏味。毛泽东说,写文章要有准确性、鲜明性和生动性,他在《反对党八股》一文中,把不生动活泼作为一大罪状声讨,认为颠来倒去,总是那几个名词,一套"学生腔",没有一点生动活泼的语言,像个瘪三。可适当引用名言、警句、典故、诗词、寓言、故事等,增加文采,活跃气氛。如要善于抓住听者的身份、职业和心理等特点,在鼓动听众时,讲话要充满希望;在说服听众时,要从理解角度出发,多用亲近、同情的语言……好的讲话集思想性、知识性、趣味性于一身,达到宣传、教育和鼓舞人的效果。

即兴演讲语言要简短凝练。领导讲话写文章要尽量运用凝练的话语和通俗易懂的语言。习近平同志的《之江新语》语言很凝练,他从不讲空话、套话、大话、长话。而是运用人民群众能听得懂、记得住的大白话,经常运用一问一答的表达形式,使老百姓听了都能照着行动起来。《之江新语》一书的第一篇文章《调研工作求"深、实、细、准、效"》,

运用非常简练的五个字表达了在全省大兴调查研究之风,保持求真务实的具体要求,对领导干部很有启发。

(三)即兴讲话的戒律

领导讲话一戒道歉和过分客套。有些地方和部门,会议众多,各种各样的"即兴讲话"也多。根据不同的开头语,通常有以下几种:事先没有准备,仓促上台,于是各种借口"本不想说""没啥可说""随便说说""简单说说"等式开头,会让听众兴趣一扫而光,满腔希望变成了失望。开会应该有所目的,收到一定效果的,而且风趣、生动的即兴发言也不可少,但是,如此应付、空洞、浪费时间的即兴讲话,还是少点好。二戒观点模糊,拐弯抹角,模棱两可;内容空洞无物、晦涩庞杂,拖沓冗长。应力求准确鲜明。是非分明,有的放矢,对症下药。应力求简明扼要,通俗易懂。东拉西扯、翻来覆去、唠唠叨叨、喋喋不休只会被人们嗤之以鼻、不屑一顾。有的领导者认为,讲话似乎说得越多、讲得越长,越能显示自己的水平、权威,大家听进去的东西越多。这种认识是片面的。领导者即兴讲话一般时间都很短。讲话时间长,听众易产生疲惫心理,甚至在心里喝倒彩,在台下"开小会"。时间愈短,听众情绪愈好,精力愈集中。领导者若能把握这段黄金时机,能在尽可能短的时间,用最精练而富有哲理的语言把问题讲清楚,就能收到事半功倍的效果。因此,要做到无话不讲、长话短讲,切忌讲空话、套话。三戒语言呆板。要力求生动形象。在语言运用上,毛泽东同志是我们学习的榜样。"扫帚不到,灰尘不会自己跑掉"形象地阐明了批评与自我批评的重要性,鞭辟入里,入木三分。四戒语无伦次。要条理清晰。有的领导讲话时不善于有条有理地提出观点、论证观点,往往前言不搭后语,甚至偏离主题。即兴讲话要避免这种现象,重要的一点就是讲话前一定要根据主题理清一条主线,然后先在头脑里将重要的观点、独特的见解、精湛的论述、生动的事例,编织成讲话的纲目,防止讲杂、讲偏、讲重复。要分清层次,并逐条逐层渐进展开,以充分的论证、确凿的论据、言简意赅的语言、严密的逻辑思维,把自己所要反映的思想及时、准确、清晰地表达出来。这样讲起来,不但条理清晰、逻辑性强,有深度、力度,而且还能讲得活泼、生动、简洁,使听众在轻松愉快的氛围中受到潜移默化的教育和启迪。五戒居高临下,口大气粗;戒炫耀、猎奇,哗众取宠。对部下讲话时,领导者最易犯"居高临下"的错误,不是提"希望"就是提"要求",有的甚至言语粗俗。这不仅使听众反感,也与精神文明建设格格不入。语言文明、谦逊适度,才能受到听众的欢迎和尊重。有的人出于炫耀自己才能和水平,卖弄专业词汇,说一些玄而又玄的话。这样做,看似高深,实则寡味,并无实际效果。六戒长篇累牍,不识时务。以说长话显示自己权威的领导是不受欢迎的,尤其是在晚会、宴会等场合。这就要求领导者在讲话前要反复浓缩,做到简洁、新颖、有分量。结尾也要讲究,最好在听众听得饶有兴趣时戛然而止,给人以余味无穷之感。七戒语气平淡,缺乏激情。领导者在即兴讲话时,要设身处地站在听众的立场上,要多讲与会者关心的事,多讲与会者心里想说的话,多讲与会者想解决的问题,并表明自己的态度。讲话时要质朴无华,跌宕起伏、抑扬顿挫,或者用声情并茂、机智幽默、妙趣横生的话语调节会场的氛围。领导干部在面对群众作即兴演讲时,既要说真话,动真情,又要言之有物,推心置腹。比如,朱镕基无论是答记者问,还是开座谈会发言,很少拿稿子,甚至没有固定的讲话提纲。在讲到反腐败问题时,他说:"反腐败就是要先打老虎后打狼,对老虎决不姑息手软,要准备一百口棺材,也包括我的一口,无非是同归于尽!"可谓义正词严,疾恶如仇,震慑人心,展示了他即席讲话鲜活生动、直率坦诚的语言风格和"铁面"形象。

结尾部分可以概括主要观点,结束语是给听众留下最终印象,打动听众的最后机会! 最后一句话要让人难忘,成功的讲话离不开意味深长的结束语。结尾可以是总结归纳式结尾、画龙点睛式结尾、启发思考式结尾、畅想未来式结尾、号召行动式结尾等。但是,结尾时也有几条戒律,那就是:一戒突然、仓促,形成蛇尾,戛然而止;二戒重复,会让人厌烦;三戒迭起,高潮后没完没了。同时,还要注意避免如下问题:不要超时、不要变换表达方式、不要不着边际地长篇大论、不要有新观点、不要说自己忘了讲什么、不要软弱无力。

(四)努力增强讲话的感染力和效果

公众场合,领导干部结合实际来一段入情入理的脱稿讲话,既有利于搞活气氛,又能凸显出领导干部杰出的口才、渊博的知识,有利于增添领导干部的个人魅力,收到意想不到的效果。即兴讲话摆脱了文稿的束缚,使领导者即席发挥的天地更加广阔,演讲者语调时高时低,频率时缓时急,时而慷慨激昂,时而声情并茂,时而机智幽默,时而妙趣横生,时而抑扬顿挫。在严峻复杂的场面坚定冷静,在悲痛伤感的场面稳重严谨,在欢欣热烈的场面热情洋溢。特别是随时把握场面气氛和听众的心理,临场发挥,触景生情,贴近听众,扣人心弦,引起共鸣。即席讲话不但有助于语言的现场组织和发挥,而且口语化表达,简明通俗,容易入脑入耳入心,有助于听众的理解和消化,有利于调动听众的积极性,达到鼓劲、宣传、动员之目的。比如,瞿秋白在北伐战争时期的一次宣传工作会议上讲话时,针对前者令听众反感的长篇大论,发表了一个简单而又一语双关、意味深长的即席讲话:"宣传关键是一个'要'字,鲁智深三拳打死镇关西,拳拳打在要害上。"讲罢随即下台,几秒钟后,观众才回味过来,简短几十个字的演讲词,激起了雷鸣般的掌声。

1. 借用比喻,形象生动

毛泽东特别擅长用比喻,把抽象的道理表述得生动形象。在《星星之火,可以燎原》中,在解释革命高潮快要到来的"快要"二字时,毛泽东豪情预言:中国革命高潮一定会到来!并满怀深情地说:"它是站在海岸遥望海中已经看得见桅杆尖头了的一只航船,它是立于高山之巅远看东方已见光芒四射喷薄欲出的一轮朝日,它是躁动于母腹中的快要成熟了的一个婴儿。"①

---

① 《毛泽东选集》第一卷,人民出版社 1991 年版,第 106 页。

毛泽东当年在闽西工作时,给干部讲团结的重要性。他用散沙和糊泥作比喻。他说:群众没有组织起来,没有团结起来,好比一堆散沙,缺乏力量,我们要用糊泥把这堆沙搅在一起,捏成一团,这就团结紧了,不会散了。干部们听完毛泽东的一番教诲,有如拨亮了心中的一盏灯,开始领会了干革命团结起来才有力量的道理。

毛泽东同志说,真正的铜墙铁壁是什么?是群众,是千百万真心实意拥护革命的群众。这是真正的铜墙铁壁,什么力量也打不破的,完全打不破的。

2. 使用排比,以增强语言的节奏感、韵律美

毛泽东在《改造我们的学习》中说:"不单是懂得希腊就行了,还要懂得中国;不但要懂得外国革命史,还要懂得中国革命史;不但要懂得中国的今天,还要懂得中国的昨天和前天。"在《团结一切抗日力量,反对反共顽固派》中,他一连用了十个排比句:"这里一没有贪官污吏,二没有土豪劣绅,三没有赌博,四没有娼妓,五没有小老婆,六没有叫花子,七没有结党营私之徒,八没有萎靡不振之气,九没有人吃摩擦饭,十没有人发国难财",说明陕甘宁边区是全国最进步的地方,其中每两句还形成对偶关系,从而造成了意气风发的气势,铿锵有力。毛泽东在论长征的意义时指出,"长征是宣言书,长征是宣传队,长征是播种机。"三句排比,一气呵成,层层递进,加深意义。他在《纪念白求恩》中,指出,"我们大家要学习他毫无自私自利之心的精神。从这点出发,就可以变为大有利于人民的人。一个人能力有大小,但只要有这点精神,就是一个高尚的人,一个纯粹的人,一个有道德的人,一个脱离了低级趣味的人,一个有益于人民的人。"

毛泽东为人民英雄纪念碑题写的碑文《人民英雄永垂不朽》中说:"三年以来,在人民解放战争和人民革命中牺牲的人民英雄们永垂不朽!三十年以来,在人民解放战争和人民革命中牺牲的人民英雄们永垂不朽!由此上溯到一千八百四十年,从那时起,为了反对内外敌人,争取民族独立和人民自由幸福,在历次斗争中牺牲的人民英雄们永垂

不朽!"

习近平总书记在纪念中国人民抗日战争暨世界反法西斯战争胜利70周年大会上的讲话中指出:"让我们共同铭记历史所启示的伟大真理:正义必胜! 和平必胜! 人民必胜!"三个"必胜"的排比,增强了真理的气势,同时体现了我们民族追求正义、维护和平的决心。

3.动之以情,让讲话更有亲和力

"感人心者,莫先乎情。"什么话最能够打动人、感染人、征服人?唯有那些饱含感情、满含着爱的话,才能软化、温暖和焐热人们的心。许多成功的讲话稿,都是把真挚的情感流露于字里行间,拉近与听者的距离,让人倍感亲切、温暖和感动。这就决定了讲问题时要推心置腹,使人心悦诚服;提要求时要讲清道理,使人能够由衷接受。习近平总书记常常用诗一般的语言抒发内心汹涌澎湃的家国情怀,体现平等、平易、平实的风格特点。比如,他号召:"生活在我们伟大祖国和伟大时代的中国人民,共同享有人生出彩的机会,共同享有梦想成真的机会,共同享有同祖国和时代一起成长与进步的机会,有梦想,有机会,有奋斗,一切美好的东西都能够创造出来。"这段话直抒胸臆,真挚动人。

4.运用手势等身体语言,增强效果

眼睛是心灵的窗户。我国古代孟子认为,"存乎人者,莫良于眸子,眸子不能掩其恶。胸中正,则眸子眊焉"。阿尔波特·明翰认为,讲话中,实际讲话所使用的词语传递的信息量很少,更多是非语言因素传递的,用一个公式可以表示为"整个信息的传递=7%的口语+38%的语气+55%的面部表情"。法国作家罗曼·罗兰认为,"面部表情是多少世纪培养成功的语言,比嘴里讲的更复杂到千百倍的语言。"达·芬奇认为,"人的眼睛和舌头所说的话一样多,不需要字典,却能够从眼睛的语言中了解整个世界。"恰到好处的手势动作,是语言的必要补充,增添了讲话的风采,会极大地增强语言的感染力和号召力。一个协调、合体、大方的讲演动作,能够给观众留下美好难忘的印象,深深地刻在脑海里。比如,毛主席从延安赴重庆谈判登机前的"挥手之间",以

及在开国大典上"中国人民从此站起来了"的语言风格与挥手致意,极大地鼓舞了中国人民争取斗争胜利和建设社会主义新中国的信心和勇气。

5.语言风趣幽默,让讲话更有吸引力

生动性是领导讲话的基本要求之一。领导者无论在何种场合发表讲话,都需要使用容易被听众接受生动的语言,而忌讳干涩难懂、空泛乏味的说教。脱稿讲话形式新颖,为吸引听众注意,讲话可穿插名言警句、哲理故事、幽默笑话等,让讲话妙语如珠,娓娓道来,充分调动听众的注意力。毛泽东伟大而质朴,崇高而平易近人,他不论是讲话还是写文章,历来提倡使用广大群众喜爱的通俗语言,使人民喜欢听,易于读,乐于接受。延安时期,马列学院派四个人去杨家岭接毛泽东主席作报告,途中他们不期而遇。毛泽东以诙谐的语言说:"轿子呢?再加四个人,来个八抬大轿,又体面又威风,再来几个鸣锣开道的,几个摇旗呐喊的好不好?"又说:"皇帝出朝,要乘龙凤辇;官僚出阁,要坐八抬大轿,我们共产党人是讲革命的,要革皇帝官僚的命,把旧世界打个落花流水,我们要和旧制度决裂,就万万不能沾染官僚习气,我们要养成一种新风气,延安作风。"这一席话,表现出毛泽东不摆官架子,平易近人的作风。他的言谈和他的作风一样,没有官腔,没有套语,幽默而诙谐,以风趣的语言说明严肃的问题,使人在笑声中心悦诚服地接受教育,受到启迪。

要做到娴熟脱稿讲话,须做到以下四点:一是注重积累吸收。不积跬步,无以至千里;不积小流,无以成江海。领导干部在脱稿讲话时想要做到胸有成竹,就必须从点滴积累,日益充实自己的知识库。领导干部要抽出时间,及时学习积累知识;多学多看,加强印象,及时将积累的知识转移到自己的大脑中。要善于转化。领导干部要结合工作实际,做好知识的转化吸收。拿来可用的,铭记心中;变通运用的,内部加工,让知识经过一个升华过程,真正内化为自己的能力和技巧。二是即兴讲话也是有规律可循的。即兴讲话的"黄金三点法",也叫"一二三法

则",这三点可以是过去、现在、未来,也可以是祝贺、感谢、希望,还可以是认识、做法、思考。除了"黄金三点法",还有很多的方法可以用。关键是要心中有"数",有所准备。平时多积累讲话材料。领导干部在平时的工作生活中,要多学习、多观察、多积累、多实践。只有学识丰富,才能在短暂的准备时间内从脑海中找到生动的例证和恰当的词汇,给即兴演讲增添魅力。三是讲话富有逻辑。场合合适,时间允许,领导干部又胸有成竹,唯一需要解决的是怎样使脱稿讲话富有逻辑。脱稿讲话力戒天马行空、言之无物,力求言简意赅、言之有物。要突出主题。脱稿讲话要结合场合,紧紧围绕一个中心,所有论据、论证都围绕中心服务。

第四章　改进会议文稿的文风

　　会议文稿是领导干部常见常用的一种文稿,写好念好会议文稿是领导干部布置和完成各项工作的重要要求。党的十八大以来,以习近平同志为核心的党中央带头改进作风,在文风会风上出台了不少硬性措施,提倡开短会、讲短话,力戒空话套话,一时间改变了以往经常见到的大会小会念讲话做样子、与会者打瞌睡不走心等现象,务实清新的风气在全党得到大力弘扬。对于领导干部而言,写好会议文稿、做好会议讲话、改进会风文风成为一项必备的基本功,成为决定工作成效的关键。

一、会议文稿的特点

　　写好会议文稿,首先必须注意把握好会议

文稿的特点和基本写作规范,使得会议准备和使用各种文稿既具有原则性、政治性,又具有实用性、可行性。

会议文稿一般是与落实党的各项工作任务密不可分的。中国共产党是中国工人阶级的先锋队,同时是中国人民和中华民族的先锋队,是中国特色社会主义事业的领导核心,是实现中华民族伟大复兴的中国梦的领航者。党代表中国先进生产力的发展要求,代表中国先进文化的前进方向,代表中国最广大人民的根本利益,完成社会主义现代化建设的宏伟战略目标,协调推进"四个全面"战略布局和"五位一体"建设,必须通过党的各项工作来得以实现,必须组织各种会议来确定方针政策、部署落实工作任务。党的各级领导干部是承担一定工作职责和任务的领导者、组织者,必须经常组织和参与各种会议,并在会议上发言讲话。党的路线、方针、政策,各项工作的意图和目标,主要体现在一定的会议文稿中。因而,了解和把握会议文稿的规范要求,以良好文风带动会风的改进,是领导干部的必备素质和技能。党的十八大以来,习近平总书记在很多重要场合、重要会议上发表了一系列重要讲话,提出了一系列新思想新观点新论断。习近平新时代中国特色社会主义思想,是当代中国马克思主义、二十一世纪马克思主义,是中华文化和中国精神的时代精华,实现了马克思主义中国化新的飞跃。习近平总书记讲话的一个鲜明特点,就是对党和国家的大政方针作出了明确深刻的阐述,对于步入新的历史时期的中国走什么样的路、坚持什么样的方向、采取什么样的方略作出了全面细致的规划。领导干部不仅要深入认真学习习近平新时代中国特色社会主义思想,把握讲话所体现的治国理政的方针原则,以之为指导来改进落实各项工作,同时要在学习中把握好讲话中所体现的新文风新会风,以讲话为范本,结合各地区各部门的实际,认真改进文风会风,使得工作的落实更有成效。

领导干部特别是主要领导干部参与和负责的工作是多种多样的。不同类型的会议文稿,其写作规范要求是不一样的。根据工作的范围,会议文稿包括经济工作会议文稿、宣传工作会议文稿、组织工作会议文稿、干部工作会议文稿、纪检工作会议文稿、群团工作会议文稿、外事工作会议文稿等。根据工作范围,会议文稿包括一般会议文稿、专门工作会议文稿等。根据工作部门分类,会议文稿包括党委工作会议文稿、政府工作会议文稿、办公厅(室)工作会议文稿等。从这个大致分类来看,会议文稿是多种多样的,要求领导干部根据不同类型会议文稿的要求和特点来准备适合工作需要的讲话文稿。

(一)会议文稿起草方式

会议文稿可以由党委或政府主要领导亲自起草或主持起草,也可由办公厅(室)起草,还可由各职能部门起草。重要的会议文稿,可以考虑成立专门的起草组负责起草,定出一定的起草计划,对起草时间和要求作出安排。

(二)会议文稿起草程序

会议文稿属于正式的宣传阐释政策、布置落实工作的文稿,一般是按照以下程序和步骤来起草的:

领受任务。会议文稿一般都是因为工作需要,由党委政府领导或者部门领导布置给起草人的。起草人必须全面领会领导的意图,了解会议召开的目的、背景、任务,弄清起草的目的和要求。起草过程中,应及时请示、报告,保证文稿起草的顺利进行。

调查研究。会议文稿起草人要对会议主题、内容和文稿所要论述的主要问题进行充分的调查研究,搜集相关资料,并加以分析汇总。必要时,可把文稿中涉及的问题分为相关专题,由专人负责,深入实地考察。把准备工作做得充分,才能使会议文稿写得充实有力、更有针对性。

拟出初稿。根据行文的目的和要求,起草人对通过调查研究获得的材料进行整理加工,运用适当的文字表达技巧,拟出会议文稿的初稿。起草篇幅较长的文稿,应先拟出提纲,然后按照提纲写出全文。几个人分头起草的文稿,应经过共同研究,并由一人统稿。

协调修改。初稿拟出来以后,要经有关负责人审阅修改。较重要的或涉及其他有关部门职权范围的文稿应征求有关部门的意见,进行必要的协调。

报请审批。经过以上步骤,文稿基本形成,即可报请领导审批。报批时应将起草经过作简要说明。起草部门将文稿报送领导审批后,起草工作即告一段落,但还要准备处理校核部门和领导审批时提出的问题和意见。

以上步骤不是每一种会议文稿都必须经历的步骤,有些日常性会议的工作文稿,根据工作需要可以适当省略其中的某些步骤。有的领导干部对于所参加会议情况比较了解,对于文稿的起草有自己的想法,并且亲力亲为参与撰写和修改,文稿的质量会更有保证。

(三)会议文稿结构

会议文稿对于现实中各项工作的开展具有指导性作用。其结构,一般包括标题、开头、主体、结尾、署名、日期等主要组成部分。标题标明文稿的文种和主要内容。开头主要用以说明行文的"因由",具有导语的性质,说明会议的目的、意义、依据、背景或会议事项的概况、结论等。主体部分则用以说明会议所要解决的主要问题和措施。结尾部分主要用概括、号召等简要说明结束全文或落实全文的话。署名和日期对于标明文稿来说是必需的。

(四)会议文稿的行文特点

根据党和国家工作的原则要求,会议文稿具有如下鲜明特点:

准确。是指会议文稿的内容必须符合党和国家的路线、方针、政策和有关法律法规,符合上级机关的有关指示,能够完整、准确地体现上级领导机关的意图和有关工作要求。其中提出的政策、措施要切实可行,符合客观实际情况。叙事求实,评估有理有据,不夸张,不掩饰。要选用与主题相关的真实资料,不使用未经核实的资料,更不能使用虚假资料。在内容的表述上,也要求准确严密,避免产生歧义。2015年10月29日,习近平总书记在党的十八届五中全会第二次全会上的讲话,中心思想就是对五中全会通过的"十三五"规划建设的基本精神和落实提出要求。讲话根据全会《建议》提出的目标要求,阐述了全面建成小康社会决胜阶段的形势,阐述了《建议》提出的坚持创新、协调、绿色、开放、共享的发展理念,阐述了下大气力破解制约如期全面建成小康社会的转方式、补短板、防风险等重点难点问题,阐述了完成全会提出的主要任务、提高党领导经济社会发展能力的基本要求。这样的讲话可以说是我们在每一次党的重要会议中都见到过的,其所传递的准确、权威、正式、重大的信息是不言而喻的。

规范。是指会议文稿的格式统一、规范,符合会议文体的基本要求。结构安排合理、完整,每个部分和段落应保持有关内容的专一和完整,不要把不同内容凑到一个部分或段落中去。采用的语言要郑重、严肃,遵守语法规则。多使用书面语言,不用口语、方言,不俗气,采用适当的修辞。2016年5月17日,习近平总书记在哲学社会科学工作座谈会上发表重要讲话,讲话的对象主要是哲学社会科学方面的专家学者,其中有德高望重的老专家,有成果丰硕的学术带头人,也有崭露头角的后起之秀,包括马克思主义理论研究和建设工程的咨询委员或首席专家、国家高端智库代表,还有在校的博士生、硕士生、本科生,以及有关部门负责同志。在这样的场合,习近平总书记语重心长,阐述了党中央重视做好哲学社会科学工作的决心和信心,阐述了新形势下做好哲学社会科学工作、构建中国特色哲学社会科学的基本要求。讲话提及了古今中外很多文化和思想大家,回顾了中国近现代以来的发展,具有深刻长远的历史视野和理性视野。同时讲话以深邃的眼光阐述了马克思主义的基本原则,阐述了坚持马克思主义、构建中国特色哲学社会科学的必要性和可行性。可以看出,这篇讲话是以党领导哲学社会科学工作的基本原则和基本经验为基础,对新形势下推进哲学社会科学工作、构建中国特色哲学社会科学的重要部署,对于哲学社会科学工作具有长远的指导意义。

精简。会议文稿具有较强的实用性,是用来宣传政策、布置指导工作、解决实际问题的,必须力求简明扼要,一目了然。文字表述要注意不拖泥带水,用最少的文字表达尽可能多的意思。使用的资料和事例要富有代表性,能够揭示事物本质,经得住时间的检验。2013年3月3日,习近平总书记在中央党校建校80周年庆祝大会上的讲话讲得很简短,其中概述了中央党校的历史,表明了对于党校工作的重视,特别是重点阐述了全党抓学习的重要性,阐述了为什么学、学什么、怎么学的问题,从而深刻说明了"好学才能上进"的道理。这篇讲话虽然十分简短,但内容丰富、思想深刻,成为令人印象十分深刻的全党重要"劝学篇"。

生动。文字生动活泼,容易为听者接受,注意调动会议氛围。多解释大政方针,提出具体的落实措施。多使用一些案例、背景材料或数字,把道理讲直白、把思路讲透彻、把安排讲清楚。习近平总书记许多讲话之所以具有很强的感染力,与他的讲话风格很有关系。他有长期的基层工作经历,讲话时非常善于从"土得掉渣"的群众语言中汲取精华,形成了直白形象的独特讲话风格。在各种批示、演讲、访谈和信件中,习近平总书记用了不少俗语熟语来阐明深刻的道理,显得接地气、有灵气。2013年12月9日,在中央综治工作会议上,他勉励广大干部:我们手里捏着一副好牌,一定要有把好牌打成好局的自信。这样的"大白话"还有很多,习近平总书记用起来总是得心应手,把问题讲得很明白很透彻,往往起到了醍醐灌顶的作用。如他用"益智补脑"来比喻学习;用"缺钙""软骨病"来比喻理想信念的缺失;用"玻璃门""弹簧门"来形容阻碍民间投资的体制障碍;用"墙头草""推拉门"来描述干部队伍中的好人主义;等等。他讲改革要辨证施策,"既要养血润燥、化瘀化血,又要固本培元、壮筋续骨";讲树典型不能用"开小灶""吃偏饭"的方式来催生;讲一个国家发展道路的选择,"鞋子合不合脚,自己穿了才合适"。他还经常引经据典,用传统文化中的道理来教诲人们,使人倍感亲切大气。习近平总书记的讲话、文章,还经常用一些拉家常似的聊天、谈心式话语触及人们的心灵,话语中充满着亲和、温和、随和以及平等、平易、平实的风格特点,一下子拉近了距离。比如,在十八届中央政治局常委与中外记者见面时的讲话,一开口就说"让大家久等了",接下来又说"大家很敬业、很专业、很辛苦",这种切入方式很令人感动。他在坦桑尼亚演讲时,一开口用"哈巴里"打招呼,用"阿桑特民萨那"来谢谢大家。他在墨西哥演讲时,还深情地道白"我是一个足球迷",等等,处处尽显一种平等待人、平易近人的亲民风采。

(五)写好会议文稿的注意事项

由上可见,基于会议文稿的独特要求,领导干部无论是起草会议文稿,还是发表会议讲话,要多从平时做起,多做准备工作,主要做好以下一些方面:

加强学习提高理论和政策水平。要认真深入学习马克思主义基本理论,学习贯彻习近平新时代中国特色社会主义思想,掌握马克思主义和科学社会主义的基本观点,坚定理想信念,坚定大局观、全局观,关于掌握和运用唯物辩证法,在立场和观点上不出任何偏差、不求私心杂念。

加强调查研究。要深入基层,深入实践,深入群众,了解工作面上的客观全面情况,把握问题所在和问题实质,多为群众考虑,多研究和解决实际问题。善于总结规律,提高理论思维能力,做到理论与实际相结合。

加强文字锤炼。重视讲话稿的起草,对讲话的内容、方式等都要把好关,对文字多下功夫修改,使之符合政策和工作的要求,更符合讲话对象的特点,讲话以前做好充足的准备,不讲、少讲没有把握的话,杜绝言之无物、言之无味。

加强语言艺术的运用。讲话是领导干部综合能力的展示,是工作能力的重要表现。要有意识地利用各种场合,多说多讲,多思多行,提高组织领导能力,提高语言表达能力。多向群众学习,多向他人学习,掌握和运用群众容易接受的语言,逐步形成自己的生动活泼、情理兼容的讲话风格。平时学习一些名篇的谋篇布局和语言风格,记住一些精彩案例和典型数据,加以借鉴运用。

二、正式会议文稿的起草

正式会议是由党委、政府及其工作部门举办的各级各类工作会议,是具有一定会议召开目的、适应常规或特定工作任务需要的会议。组织召开好各种正式会议,是领导干部的重要职责,也是领导干部完成自身职责的重要途径。

起草正式会议文稿,要注意以下几个方面的要求:

第一,充分准备。召开一定的正式会议,是按照工作计划或上级领导机关的要求而进行的,对于工作的安排和落实非常重要。起草者要起草好相关文稿,必须事先了解会议召开的背景、任务和目标,充分了解有关的方针政策,对所布置的工作有一定的了解和研究,能够客观分析存在的问题、妥善提出相应的落实措施。同时要查阅学习党中央和上级关于眼前及今后一个时期工作任务及目标的文件,了解相关要求,了解上级领导关于今后工作的想法,从而在文稿中描绘出今后工作的总体规划和关键举措。必要时,起草者要进行相关的社会调查,搜集第一手资料,了解某些政策的实践效果,了解参会人的诉求。对会议要决定的事项,要准备的报告和文件,事先必须全部考虑到。

第二,立意要高。正式会议是传达部署工作任务的正式途径,具有严肃性、重要性,讨论和安排的是关系工作全局的重要事务,既要符合党和国家大政方针的要求,又要注重可行性。起草正式会议文稿,必须从全局上周密考虑。要注意放眼未来和全局,把握时代脉搏,善于从战略高度来提出问题。要议大政、谋大计、筹大事,不纠缠于细枝末节,提出符合全局发展方向、能鼓舞人心、具有较强操作性的工作任务、奋斗目标和工作思路等。特别是要能及时根据时代发展和客观条件的转换，提出既切合当前实际、又具有一定前瞻性的对策措施。

第三，行文规范。正式会议文稿讲究严谨性和规范性，总体布局要合理，条理要清晰，层次要明白，观点要准确，表述要得当。当然，规范性并不是不要文采。要使正式会议文稿中的道理为与会者所理解和接受，必须注意行文流畅，追求创新，选用适当的语句辞藻。要开门见山，一语中的，使用一些大众化、通俗化的语言。在必要的时候，要结合实际生活中的一些典型事例，把事与理、因与果、实际和理论高度融合起来，力争产生出最强烈的说服力、感染力和号召力！

以下是一些主要的正式会议文稿的写法和要求：

（一）关于召开××会议的决议

在召开某项正式会议之前，往往需要由领导班子事先召开会议，就会议的主要内容、日程等事项作出安排，并作出决定。具体内容包括召开会议的依据、召开的时间及地点、指导思想和主要议程、代表名额、代表构成比例与分配原则、代表的选举产生办法等。这类文稿的写法应该注意参照已经公开的文本的写法，主要体现规范性、准确性、程序性、明确性。

中共×××第×届委员会第×次全体会议
关于召开中国共产党×××第×次代表大会的决议
（×××年×月×日通过）

一、中国共产党×××第×届委员会于×××年×月×日任期届满。按照党章规定，会议决定于×××年×月×日在×××（地点）召开中国共产党×××第×次代表大会。

二、中国共产党×××第×次代表大会的主要议程：

1.听取和审议第×届党委的工作报告；

2. 听取和审议纪委工作报告；

3. 讨论和确定今后×年经济社会发展的目标、任务以及其他有关重大问题；

4. 选举中国共产党×××第×届委员会；

5. 选举中国共产党×××纪律检查委员会。

三、中国共产党×××第×次代表大会名额为×××名。代表的名额分配、构成比例及选举办法，委托党委常委会决定。

四、中国共产党×××第×次代表大会的召开，是党的政治生活中的一件大事。各级党组织要充分发扬民主，尊重党员的民主权利，按照民主集中制的原则，认真做好参加党代会代表的选举工作。

五、会议号召各级党组织和全体共产党员，要认真学习贯彻党的二十大精神，以中国式现代化全面推进中华民族的伟大复兴，努力做好各方面的工作，以优异的成绩迎接中国共产党×××第×次代表大会的胜利召开。

（二）起草会议主题报告

正式会议工作报告或讲话主要内容包括：回顾和总结工作情况，充分肯定成绩，并总结经验教训，得出一些规律性的结论；围绕中心工作，结合本单位的实际情况，明确今后一个时期的工作任务，及完成任务应采取的主要措施；向所属部门工作人员发出号召，推动落实。

会议主题报告或讲话应充分反映工作部门的工作要求和主要领导的意图。标题要鲜明，体现会议主要任务；引言要简明，介绍会议背景和主要任务；主体部分要观点明确、措施具体、层次合理，把会议要达成的主要任务和落实要求阐述到位；结语部分要概括工作要求，发出工作号召。

每年经济工作会议，中共中央总书记都要发表重要讲话。2015年中央经济工作会议上，习近平总书记集中阐述了认识、引领和适应经济新常态、落实"十三五"规划任务的问题。讲话总结2015年经济工作，分析当前国内国际经济形势,部署 2016 年经济工作,重点是落实"十三五"规划建议要求,推进结构性改革,推动经济持续健康发展。讲话简要回顾总结了一年来的经济工作成绩,提出进一步化解经济发展面临的一些突出矛盾和问题。讲话提出,认识新常态、适应新常态、引领新常态,是当前和今后一个时期我国经济发展的大逻辑,这是我们综合分析世界经济长周期和我国发展阶段性特征及其相互作用作出的重大判断。必须统一思想、深化认识,切实把思想和行动统一到党中央重大判断和决策部署上来。必须克服困难、闯过关口,坚持辩证法,一方面我国经济发展基本面是好的,潜力大,韧性强,回旋余地大,另一方面也面临着很多困难和挑战,特别是结构性产能过剩比较严重。这是绕不过去的历史关口,加快改革创新,抓紧做好工作,就能顺利过关。必须锐意改革、大胆创新,必须解放思想、实事求是、与时俱进,按照创新、协调、绿色、开放、共享的发展理念,在理论上作出创新性概括,在政策上作出前瞻性安排,加大结构性改革力度,矫正要素配置扭曲,扩大有效供给,提高供给结构适应性和灵活性,提高全要素生产率。讲话进一步指出,引领经济发展新常态,要努力实现多方面工作重点转变。推动经济发展,要更加注重提高发展质量和效益。稳定经济增长,要更加注重供给侧结构性改革。实施宏观调控,要更加注重引导市场行为和社会心理预期。调整产业结构,要更加注重加减乘除并举。推进城镇化,要更加注重以人为核心。促进区域发展,要更加注重人口经济和资源环境空间均衡。保护生态环境,要更加注重促进形成绿色生产方式和消费方式。保障改善民生,要更加注重对特定人群特殊困难的精准帮扶。进行资源配置,要更加注重使市场在资源配置中起决定性作用。扩大对外开放,要更加注重推进高水平双向开放。讲话强调,推进供给侧结构性改革,是适应和引领经济发展新常态的重大创新,是适应国际金融危机发生后综合国力竞争新形势的主动选择,是适应我国经济发展新常态的必然要求。讲话对做好全面建成小康社会决胜阶段开局之年、推进结构性改革攻坚之年的工作作出了总体部署,强调全面贯彻党的十八大和十八届三中、四中、五中全会精神,以邓小平理论、"三个代表"重要思想、科学发展观为指导,加强和改善党对经济工作的领导,统筹国内国际两个大局,按照"五位一体"总体布局和"四个全面"战略布局,牢固树立和贯彻落实创新、协调、绿色、开放、共享的发展理念,适应经济发展新常态,坚持改革开放,坚持稳中求进工作总基调,坚持稳增长、调结构、惠民生、防风险,实行宏观政策要稳、产业政策要准、微观政策要活、改革政策要实、社会政策要托底的总体思路,保持经济运行在合理区间,战略上坚持持久战,战术上打好歼灭战,着力加强结构性改革,在适度扩大总需求的同时,去产能、去库存、去杠杆、降成本、补短板,提高供给体系质量和效率,提高投资有效性,加快培育新的发展动能,改造提升传统比较优势,增强持续增长动力,推动我国社会生产力水平整体改善,努力实现"十三五"时期经济社会发展的良好开局。这篇讲话对一年来的经济工作定了基调,对工作目标、工作重点、工作方向、工作方法都作了明确部署。这篇讲话体现了习近平总书记对于党和国家全局工作、重点工作的战略眼光、协同眼光,也体现了习近平总书记对于经济工作"专、精、深、实"的专业眼光,体现了深厚的问题意识,其中提出关于经济新常态、供给侧改革的一系列新思想新原理,对于指导经济工作乃至其他工作都具有长远意义。

2016年5月30日,习近平总书记在全国科技创新大会、两院院士大会、中国科协第九次全国代表大会上发表重要讲话。讲话标题《为建设世界科技强国而奋斗》显得大气庄重,体现了会议主题。讲话导言阐述了这次科技盛会的历史背景,提出吹响建设世界科技强国的号角,同时从世界科技革命史、5000多年中华文明发展史、实现中华民族伟大复兴目标的视野阐明了发展科技事业的重要性,强调"科技是国之利器,国家赖之以强,企业赖之以赢,人民生活赖之以好"。讲话主体部分从夯实科技基础、在重要科技领域跻身世界领先行列,强化战略导向,破解创新发展科技难题,加强科技供给、服务经济社会发展主战场,深化改革创新、形成充满活力的科技管理和运行机制,弘扬创新精神、培育符合创新发展要求的人才队伍五个方面,提出了建设创新型国家、建设世界科技强国的一系列新思路。结语部分从中国实现现代化作为人类历史上前所未有的大变革的角度向全国科技工作者发出了当好排头兵的号召。这篇讲话立意高远、内涵丰富、深刻透彻,阐述了建设世界科技强国的出发点和重点任务,阐明了走中国特色自主创新道路的切实路径,对新形势下科技工作作了全面细致的战略谋划,具有很强的思想性、针对性和指导性,是新形势下做好科技工作、加快科技创新步伐的根本遵循和行动指南。

(三)起草专门工作会议讲话

领导干部参加或出席专门工作会议或分管工作会议,需要就特定工作的落实提出要求。这类讲话具有一定的专业性,注意衔接会议主题工作报告的主要精神,需要就某项工作的主要情况给予总体评价,对会议召开的意义给予充分肯定,对主要工作安排作出合理调度。讲话的文风特点要努力做到稳、准、新、实,有利于专项工作的有效落实。

党的十八大以来,习近平总书记在中央纪委全会上发表了不少重要讲话,就全面从严治党提出了明确要求,为改进党的作风、推进党的建设新的伟大工程提供了有力指导。2016年1月12日,他在第十八届中央纪律检查委员会第六次全体会议上的讲话,不仅讲话时间作了调整,在中央纪委书记代表中央纪委常委会作工作报告之前讲话,而且就坚定不移推进党风廉政建设和反腐败斗争表明了态度、提出了要求、作出了规划。讲话主要包括四个部分。第一部分讲党风廉政建设和反腐败斗争取得新的重大成效,主要总结党的十八大以来中央纪委贯彻党中央决策部署推动党风廉政建设和反腐败斗争取得新的重大成效,体现为严明党的政治纪律、夯实管党治党责任,创新体制机制、扎牢制度笼子,持之以恒纠正"四风"、党风民风向善向上,强化党内监督、发挥巡视利剑作用,严惩腐败分子、加强追逃追赃工作,提出"民心是最大的政治,正义是最强的力量"。讲话第二部分主要讲坚定不移推进党风廉政建设和反腐败斗争,提出夺取全面建成小康社会决胜阶段的伟大胜利,关键在党;"打铁还需自身硬"是我们党的庄严承诺,全面从严治党是我们立下的军令状。分析了党风廉政建设和反腐败斗争形势依然严峻复杂,要求全面从严治党必须持续保持高压态势,提出了2016年党风廉政建设和反腐败工作的总体要求,并从五个方面提出了做好工作的要求。一是尊崇党章,严格执行《中国共产党廉洁自律准则》和《中国共产党纪律处分条例》。二是坚持坚持再坚持,把作风建设抓到底。三是实现不敢腐,坚决遏制腐败现象滋生蔓延势头。四是推动全面从严治党向基层延伸。五是标本兼治,净化政治生态。讲话第三部分主要阐述了坚定不移推进全面从严治党,认为全面从严治党永远在路上,要求各级党组织要担负起全面从严治党主体责任、把纪律建设摆在更加突出位置、增强领导干部政治警觉性和政治鉴别力、坚持高标准和守底线相结合。讲话第四部分主要讲积极探索强化党内监督的有效途径,提出坚持民主集中制是强化党内监督的核心,强调完善监督制度,做好监督体系顶层设计;强化巡视监督,发挥从严治党利器作用;用好批评和自我批评这个武器;抓住"关键少数",破解一把手监督难题;纪委要在全面从严治党中找准职责定位,强化监督执纪问责。这篇讲话延续了党的十八大以来习近平总书记讲话的特点和思想,体现全面从严的要求,有理论,有数据,有案例,有直面问题,有工作布置,有长远谋划,听起来荡气回肠、耐人寻味、发人警醒。讲话对遵守政治纪律、防止"两面人"等问题也作了重点分析,令人信服。

(四)起草重要场合致辞

领导干部要出席一些重要场合,需要结合该场合的参加对象、工作要求发表讲话、提出观点。起草这样的致辞,首先要弄清会议性质、参与人员规模和特点,不只是讲场面上的话、简单应景,而且要做到得体大气、形神结合;其次要开门见山,表达真挚的情感,既表明自身态度,也能求得认同；再次是明确讲话主题，结合会议主题就一个或几个重要事项发表看法，阐明主张；最后要提出解决问题的方案或思路，不能言而无物。这样的致辞，在开头和结尾部分一般都有一定的通用问候语，不能随便省略；同时还要注意致辞的对象和称呼。

2015 年 9 月 28 日，习近平主席出席第七十届联合国大会一般性辩论时发表的讲话，标题是"携手构建合作共赢新伙伴　同心打造人类命运共同体"。从标题上就可以看出，这是一个人们都非常关心的重大战略问题，是中国实现和平发展过程中必须重视解答好的重大问题。习近平主席用的称呼是"主席先生，各位同事"，这既表明了对于会议主持的尊重，也表明了对与会各国领袖的亲切认同。讲话从"70 年前，我们的先辈经过浴血奋战，取得了世界反法西斯战争的胜利，翻过了人类历史上黑暗的一页。这一胜利来之不易"开篇，显得非常自然。接下来是三个 70 年前的排比充分肯定了联合国和联合国宪章的重要作用。然后，讲话将话锋转到了中国参与世界反法西斯战争的努力和贡献，强调以史为鉴、让和平的薪火代代相传，这可以说是结合中国历史认知而引发的共鸣。在此基础上，习近平主席提出站在新的历史起点上，联合国需要深入思考如何在 21 世纪更好回答世界和平与发展这一重大课题，进而提出了 5 个方面的建议：一是我们要建立平等相待、互商互谅的伙伴关系，二是我们要营造公道正义、共建共享的安全格局，三是我们要谋求开放创新、包容互惠的发展前景，四是我们要促进和而不同、兼收并蓄的文明交流，五是我们要构筑尊崇自然、绿色发展的生态体系，系统阐述了今后一个时期联合国的工作重点。在此基础上，习近平主席进而介绍了中国在实现中国梦的过程中的国际政策，提出中国将始终做世界和平的建设者，中国将始终做国际秩序的维护者。习近平主席还在联合国这个重要平台宣布了中国决定设立为期 10 年、总额 10 亿美元的中国—联合国和平与发展基金，中国将加入新的联合国维和能力待命机制，决定为此率先组建常备成建制维和警队，并建设8000 人规模的维和待命部队，中国决定在未来 5 年内，向非盟提供总额为 1 亿美元的无偿军事援助,以支持非洲常备军和危机应对快速反应部队建设,这些都是非常实用、具有道义亲和力的实际举措,既切合中国一贯坚持的原则立场,也容易得到各个国家的衷心支持。最后在结语中,习近平主席再次强调在联合国迎来又一个 10 年之际,让我们更加紧密地团结起来,携手构建合作共赢新伙伴,同心打造人类命运共同体。让铸剑为犁、永不再战的理念深植人心,让发展繁荣、公平正义的理念践行人间! 可以看出,在这篇简短的讲话中,习近平主席很用心、很真诚,既宣传发布了中国方案、传达了中国力量,又提出了可行思路、实际举措,在这个重大国际场合展现了亲、诚、惠、容的中国形象,发出了优、强、和的中国声音。

每一年新年伊始,是世界各国迈向新征程的重要时刻,世界各国元首纷纷发表贺词,表达美好的心愿和宏图。中国元首在新年到来之际,也会通过媒体发表致辞,展现东方大国领袖的气度。2015 年 12 月 31 日,国家主席习近平通过中国国际广播电台、中央人民广播电台、中央电视台,发表了 2016 年新年贺词。这篇贺词开篇向国内外朋友致以新年的祝福,接着以"有付出,就会有收获"回顾总结一年来的付出和收获,以三个"这一年"概括了一年来的大事要事,然后提出 2016 年是我国进入全面建成小康社会决胜阶段的开局之年,阐述了中共十八届五中全会明确的未来 5 年我国发展的方向,强调前景令人鼓舞、催人奋进,但幸福不会从天降,要求树立必胜信念、继续埋头苦干,为全面建成小康社会决胜阶段开好局、起好步,重点提出全面建成小康社会,13 亿人要携手前进。最后阐述了我们只有一个地球,这是各国人民共同的家园,提出世界那么大,问题那么多,国际社会期待听到中国声音、看到中国方案,中国不能缺席,希望国际社会共同努力,多一份平和,多一份合作,变对抗为合作,化干戈为玉帛,共同构建各国人民共有共享的人类命运共同体。这篇贺词短小精悍,但是信息量非常大、非常清楚,表明了中国与世界同步前进的愿望和立场,表明了对人类命运的深沉关注和无私情怀,表明了对未来的豪情和憧憬。

2016年9月5日，习近平主席在二十国集团领导人杭州峰会上的闭幕词首先在导语中简要概括了会议的基本情况和评价，主体部分主要阐述了会议达成的五个重要共识，即"五个决心"：第一，我们决心为世界经济指明方向，规划路径。第二，我们决心创新增长方式，为世界经济注入新动力。第三，我们决心完善全球经济金融治理，提高世界经济抗风险能力。第四，我们决心重振国际贸易和投资这两大引擎的作用，构建开放型世界经济。第五，我们决心推动包容和联动式发展，让二十国集团合作成果惠及全球。其中每一点又概括了会议通过的主要文件和提出的实际措施。最后以东道主的口吻向与会嘉宾表示了诚挚谢意，并提出了展望和期待，提出"让二十国集团从杭州再出发"。可以看出，这个闭幕词非常简短，但既对会议的基本情况和出台的措施做了概括，具有清晰的层次感，也表达了举办国的诚意和努力，讲得实在有力，具有很强的感染力。

（五）起草座谈会、研讨会讲话

领导干部需要出席各类座谈会、研讨会，并发表意见。这类讲话也有专门的主题，同时要求有一定的理论高度和深度。起草这类讲话就需要注意历史性与逻辑性、理论性与现实性的统一，做到观点鲜明、说理透彻、态度严谨。要直面问题，在客观性、全面性基础上对相关问题提出真知灼见，能够发人深省。

习近平同志曾经在《之江新语》中指出："语言的背后是感情、是思想、是知识、是素质。不会说话是表象，本质还是严重疏离群众，或是目中无人，对群众缺乏感情；或是身无才干，做工作缺乏底蕴；或是手脚不净、形象不好，在人前缺乏正气。"可见，领导干部不管是在什么场合上的讲话，都要真正站在人民群众立场上，多讲真话实话，不回避问题，不拐弯抹角，真正有助于问题的解决。党的十六大以来，中央为了更好地宣传贯彻重要会议的政策方针，在党代会和中央全会召开之后，基本上都举办了省部级主要领导干部的专题学习研讨班，就党和国家的重大工作进行布置和研讨,中央主要领导在班上作专题辅导报告,对于推动党和国家的工作起到了很好的作用。2016年1月18日,中央在中央党校举办省部级主要领导干部学习贯彻党的十八届五中全会精神专题研讨班,习近平总书记发表重要讲话。习近平总书记在讲话开篇明确提出这次专题研讨班的主要任务是:深入学习领会党的十八届五中全会精神,特别是深入学习领会创新、协调、绿色、开放、共享的发展理念,以更好贯彻落实党的十八大和十八届三中、四中、五中全会精神,推动"十三五"时期我国经济社会持续健康发展,确保如期实现全面建成小康社会奋斗目标。讲话主要讲四个问题。一是关于深入认识经济发展新常态。习近平总书记提出换个角度从历史和现实的角度讲讲,他分析了新常态下我国经济发展的主要特点,强调谋划和推动"十三五"时期我国经济社会发展,就要把适应新常态、把握新常态、引领新常态作为贯穿发展全局和全过程的大逻辑,强调认识和把握新常态,需要从时间和空间大角度审视我国发展,特别是提出在认识新常态上,要准确把握内涵,注意克服几种倾向。二是关于深入理解新发展理念。习近平总书记先说不从抓工作的角度全面讲了,而是结合历史和现实,结合一些重大问题,从理论上、宏观上讲讲。他强调了着力实施创新驱动发展战略,着力增强发展的整体性协调性,着力推进人与自然和谐共生,着力形成对外开放新体制,着力践行以人民为中心的发展思想。对这五个着力,习近平总书记举了很多例子,引经据典,来加以说明。三是关于供给侧结构性改革。习近平总书记先说供给侧结构性改革问题引起了热烈讨论,国际社会和国内各方面比较认同,但也有些同志向他反映说,对供给侧改革弄得还不是很明白,社会上很多讨论看了也不是很清楚。他剖析了我们讲的供给侧结构性改革同西方经济学的供给学派不是一回事,不能把供给侧结构性改革看成是西方供给学派的翻版,更要防止有些人用他们的解释来宣扬"新自由主义",借机制造负面舆论,提出了推进供给侧改革的重点工作,要求推进供给侧结构性改革,要从生产端入手,重点是促进产能过剩有效化解,促进产业优化重组,降低

企业成本,发展战略性新兴产业和现代服务业,增加公共产品和服务供
给,提高供给结构对需求变化的适应性和灵活性。简言之,就是去产
能、去库存、去杠杆、降成本、补短板。四是关于把新发展理念落到实
处。习近平总书记指出,新发展理念要落地生根、变成普遍实践,关键
在各级领导干部的认识和行动。他强调了四点,即深学笃用,通过示范
引领让干部群众感受到新发展理念的真理力量;用好辩证法,对贯彻落
实新发展理念进行科学设计和施工;创新手段,善于通过改革和法治推
动贯彻落实新发展理念;守住底线,在贯彻落实新发展理念中及时化解
矛盾风险。在讲话最后,习近平总书记还专门强调,要更广泛更有效地
调动干部队伍积极性,解决一些干部不作为的问题。认真学习这篇在
研讨班上的讲话,可以看出习近平总书记进行了深谋远虑的理论思考,
对解决当前和今后一个时期经济社会发展过程中面临的深层次问题作
出了一系列重大战略判断,对如何调动各方力量落实党和国家的既定
部署作了全面缜密的安排。虽然只是一篇研讨班上的讲话,却显得大
气凝重,战略性、指导性都很强。讲话也十分生动,延续了习近平总书
记一贯的文风,引用了很多说理形象的整合和经典语句。比如在讲到
要准备风险时,他一口气列举了毛泽东同志在党的七大上所列的 17 条
困难。1945 年,毛泽东同志在党的七大上作结论报告,在讲"准备吃
亏"、准备困难时一口气列了 17 条困难:第一条,外国大骂;第二条,国
内大骂;第三条,被国民党占去几大块根据地;第四条,被国民党消灭若
干万军队;第五条,伪军欢迎蒋介石;第六条,爆发内战;第七条,出了斯
科比,中国变成希腊;第八条,"不承认波兰",也就是共产党的地位得
不到承认;第九条,跑掉、散掉若干万党员;第十条,党内出现悲观心理、
疲劳情绪;第十一条,天灾流行,赤地千里;第十二条,经济困难;第十三
条,敌人兵力集中华北;第十四条,国民党实行暗杀阴谋,暗杀我们的负
责同志;第十五条,党的领导机关发生意见分歧;第十六条,国际无产阶
级长期不援助我们;第十七条,其他意想不到的事。他还引用了毛泽东
同志关于这个事情的态度的话:"许多事情是意料不到的,但是一定要

想到,尤其是我们的高级负责干部要有这种精神准备,准备对付非常的困难,对付非常的不利情况。这些,我们都要透彻地想好。"他还引用了邓小平同志讲的:"我们要把工作的基点放在出现较大的风险上,准备好对策。这样,即使出现了大的风险,天也不会塌下来。"他强调,这样的论述,毛泽东同志、邓小平同志、江泽民同志、胡锦涛同志讲得很多、也很深刻,是治党治国很重要的政治经验和政治智慧。这就使人们对于居安思危、树立忧患意识具有更加强烈的自觉性。他在这篇讲话中对"为官不为"现象的分析也非常透彻,认为综合各方面反映,当前"为官不为"主要有三种情况:一是能力不足而"不能为",二是动力不足而"不想为",三是担当不足而"不敢为"。他分析了产生这些现象的根源,强调一些干部"为官不为"已成了一个突出问题,各级党委就要不等不拖、辩证施策,争取尽快扭转,提出了一系列有针对性的解决办法。这充分说明,习近平总书记非常注重大中见小、小中见大,非常注重抓落实,从解决"为官不为"这个看似细微的问题入手来部署落实五中全会的重大任务。

2016年8月17日,习近平总书记北京人民大会堂出席推进"一带一路"建设工作座谈会。这是党中央提出"一带一路"倡议以来专门召开的一次重要座谈会。座谈会上,有关部门、地区、企业和研究机构主要领导从不同角度就推进"一带一路"建设工作介绍了情况,谈了意见和建议。习近平总书记边听边记,不时同他们讨论交流。在听取大家发言后,他发表重要讲话。他强调,党的十八大以后,党中央着眼于我国"十三五"时期和更长时期的发展,逐步明确了"一带一路"建设、京津冀协同发展、长江经济带发展三个大的发展战略。2014年我们通过了《丝绸之路经济带和21世纪海上丝绸之路建设战略规划》,2015年对外发布了《推动共建丝绸之路经济带和21世纪海上丝绸之路的愿景与行动》,有关地方和部门也出台了配套规划,在国际上引起较大反响。他就推进"一带一路"建设提出八项要求。一是要切实推进思想统一,坚持各国共商、共建、共享,遵循平等、追求互利,牢牢把握重点方向,聚焦重点地区、重点国家、重点项目,抓住发展这个最大公约数,不仅造福中国人民,更造福沿线各国人民。中国欢迎各方搭乘中国发展的快车、便车,欢迎世界各国和国际组织参与到合作中来。二是要切实推进规划落实,周密组织,精准发力,进一步研究出台推进"一带一路"建设的具体政策措施,创新运用方式,完善配套服务,重点支持基础设施互联互通、能源资源开发利用、经贸产业合作区建设、产业核心技术研发支撑等战略性优先项目。三是要切实推进统筹协调,坚持陆海统筹,坚持内外统筹,加强政企统筹,鼓励国内企业到共建国家投资经营,也欢迎共建国家企业到我国投资兴业,加强"一带一路"建设同京津冀协同发展、长江经济带发展等国家战略的对接,同西部开发、东北振兴、中部崛起、东部率先发展、沿边开发开放的结合,带动形成全方位开放、东中西部联动发展的局面。四是要切实推进关键项目落地,以基础设施互联互通、产能合作、经贸产业合作区为抓手,实施好一批示范性项目,多搞一点早期收获,让有关国家不断有实实在在的获得感。五是要切实推进金融创新,创新国际化的融资模式,深化金融领域合作,打造多层次金融平台,建立服务"一带一路"建设长期、稳定、可持续、风险可控的金融保障体系。六是要切实推进民心相通,弘扬丝路精神,推进文明交流互鉴,重视人文合作。七是要切实推进舆论宣传,积极宣传"一带一路"建设的实实在在成果,加强"一带一路"建设学术研究、理论支撑、话语体系建设。八是要切实推进安全保障,完善安全风险评估、监测预警、应急处置,建立健全工作机制,细化工作方案,确保有关部署和举措落实到每个部门、每个项目执行单位和企业。习近平总书记在这次座谈会上的讲话,既总结了"一带一路"倡议决策实施以来的经验,又提出了以钉钉子精神一步一步把"一带一路"建设推向前进的明确思路,成为有力有序有效推进"一带一路"建设的指导性讲话。

三、非正式会议文稿的准备和写作

除了党委、政府及其工作部门和其他机关、单位按工作计划举办的各种正式会议以外，领导干部还需要参与一些非正式社会活动，出席一些非正式会议。非正式会议文稿的准备和写作，如果时间充足，可以借鉴正式会议文稿的写作方式，做好充足或一定的准备为佳，但一般而言，由于时间不充分，往往采用简易方式，在内容、结构、文字上都从简。当然，领导干部在参与和出席这类会议时，要多琢磨多用心，善于总结这类文稿的特点，不断提高讲话水平和工作效果。

（一）座谈、考察、调研讲话

领导干部的工作是以丰富的考察、调研为基础的，要多到基层了解实际情况。在考察、调研时，也要发表一些指导性讲话。这类讲话应该主要结合调研的目的，根据调研对象的特点，提出工作原则性要求和指导性意见。讲话一般简明扼要，讲清大政方针，讲清问题实质，讲清工作思路。同时注意鼓舞人心，多讲正面的激励性话语。这类讲话有的要准备一个提纲或大纲，有的也要准备全文，但在讲话时可以考虑结合实际情况作一些随机调整，以使讲话效果更好。

领导干部经常参加各种座谈。这种座谈，有的是议政协商，有的是阐明主张，有的是交流看法。要根据参与对象的特点，谈工作和学习体会，交流工作经验和心得。这类讲话要注意语言的使用，多用口语，多与与会者交流。中共中央总书记、国家主席、中央军委主席习近平2016年3月4日下午参加全国政协十二届四次会议民建、工商联界委员联组会时的讲话，主要就毫不动摇坚持我国基本经济制度、推动各种所有制经济健康发展发表了看法。他首先表明了心情和问候，说"我和俞正声同志来看望全国政协民建、工商联界委员，同大家一起讨论交流，感到非常高兴。首先，我代表中共中央，向在座各位委员，并通过你们向广大民建、工商联成员和非公有制经济人士,向广大政协委员,致以诚挚的问候!"虽然是简单的问候,但看得出习近平总书记的大气慎重。接着,他对各位委员的发言作出了肯定,对一年来的成就作出了总结和肯定,并进一步表示了感谢。然后,他结合大家发言和关心的问题,主要讲了三个问题。一是坚持和完善社会主义基本经济制度。其中明确点出了改革开放以来我们党的重要政策原则,说明我们党在坚持基本经济制度上的观点是明确的、一贯的,而且是不断深化的,从来没有动摇,进而重申了非公有制经济在我国经济社会发展中的地位和作用没有变,我们毫不动摇鼓励、支持、引导非公有制经济发展的方针政策没有变,我们致力于为非公有制经济发展营造良好环境和提供更多机会的方针政策没有变。二是贯彻落实促进非公有制经济健康发展的政策措施。对于政策的配套措施还不是很实,政策落地效果还不是很好的各种现象作了分析,要求重点要解决好中小企业融资难、着力放开市场准入、加快公共服务体系建设等问题。对于进入新常态给民营企业的机遇也作了分析。三是推动广大非公有制经济人士做合格的中国特色社会主义事业建设者。他强调非公有制经济人士要健康成长,提出建立"亲""清"新型政商关系。可以看出,这篇讲话非常符合座谈对象的需求和特点,既阐述了政策立场和原则,也提出了大家容易接受的工作要求。

习近平总书记在调研考察讲话中,抓住中心工作、重点工作,突出民生,突出解决问题,取得了很好的效果。这些讲话还把局部和全局、微观和宏观结合起来,对全国和其他各地的工作也具有强烈的指导意义。

(二)临时讲话

领导干部有时候要出席一些临时场合,并即席发表讲话。这种讲话是否得体,取决于领导干部的政治和理论素养,也取决于领导干部平时的历练。作为领导干部,不能完全依赖于下属起草的讲话稿,平时就要注意各类讲话的特点、结构、逻辑,注意讲话的艺术,注意不同类型的听众对讲话的不同需求,做到在某一篇讲话中能够把握住一个方面,争取使人知、使人信、使人奋、使人激或使人乐。讲话时要注意听众的反应和表情，及时调整语速和风格，做到自然大方。

毛泽东同志的《为人民服务》，在中国可谓家喻户晓。这篇文章和《纪念白求恩》《愚公移山》一起，曾被称作"老三篇"。众所周知，《为人民服务》是1944年9月8日毛泽东在中共中央直属机关为追悼张思德而召集的会议上所作的讲演。毛泽东在这样一个临时场合上的讲演，由于其政治性、原则性、感人性而成为经典名篇。《毛泽东选集》《邓小平文选》等著作中还有不少这样的讲话。

为人民服务
（一九四四年九月八日）

我们的共产党和共产党所领导的八路军、新四军，是革命的队伍。我们这个队伍完全是为着解放人民的，是彻底地为人民的利益工作的。张思德同志就是我们这个队伍中的一个同志。

人总是要死的，但死的意义有不同。中国古时候有个文学家叫做司马迁的说过："人固有一死，或重于泰山，或轻于鸿毛。"为人民利益而死，就比泰山还重；替法西斯卖力，替剥削人民和压迫人民的人去死，就比鸿毛还轻。张思德同志是为人民利益而死的，他的死是比泰山还要重的。

因为我们是为人民服务的，所以，我们如果有缺点，就不怕别人批评指出。不管是什么人，谁向我们指出都行。只要你说得对，我们就改正。你说的办法对人民有好处，我们就照你的办。"精兵简政"这一条意见，就是党外人士李鼎铭先生提出来的；他提得好，对人民有好处，我们就采用了。只要我们为人民的利益坚持好的，为人民的利益改正错的，我们这个队伍就一定会兴旺起来。

我们都是来自五湖四海，为了一个共同的革命目标，走到一起来了。我们还要和全国大多数人民走这一条路。我们今天已经领导着有九千一百万人口的根据地，但是还不够，还要更大些，才能取得全民族的解放。我们的同志在困难的时候，要看到成绩，要看到光明，要提高我们的勇气。中国人民正在受难，我们有责任解救他们，我们要努力奋斗。要奋斗就会有牺牲，死人的事是经常发生的。但是我们想到人民的利益，想到大多数人民的痛苦，我们为人民而死，就是死得其所。不过，我们应当尽量地减少那些不必要的牺牲。我们的干部要关心每一个战士，一切革命队伍的人都要互相关心，互相爱护，互相帮助。

今后我们的队伍里，不管死了谁，不管是炊事员，是战士，只要他是做过一些有益的工作的，我们都要给他送葬，开追悼会。这要成为一个制度。这个方法也要介绍到老百姓那里去。村上的人死了，开个追悼会。用这样的方法，寄托我们的哀思，使整个人民团结起来。

这篇讲话非常简短，但结构分明，有开头，有主体，也有结语。讲话的主题非常突出，为人民服务这五个字的概括非常到位，令人印象深刻、铭记终生。用语非常精练，对张思德同志的思想和事迹作了客观中肯鲜明的评价，通俗易懂，没有大话空话。态度和情感鲜明，爱憎分明，容易引起人们的共鸣。引用的经典非常形象，也非常容易理解，说明的道理又是至简大道。提出的希望和要求也很形象鲜明，具有很强的感染力和鼓动力。这些都是我们在讲话或起草讲话时应该注意的要点。

（三）非正式、非公开场合讲话

领导干部还要在一些非正式、非公开场合发表讲话。领导干部在发表这类讲话时，要时刻注意自身的身份、职责，不说违背政治原则的话。要注意讲话对象的特点，多谈真情实感，争取情感和理性认同。这样的讲话，话题是多样的，但自己始终要心中有数、讲中有术，不讲表面话、套话和大话。要抓住手边的工作、中心的工作，围绕工作大局的要求，围绕人民群众的切身需求，提出解决实际问题的原则、要求和思路。这样的讲话讲得好，对于实际工作的推动往往也是很明显的。

《邓小平文选》中收入的很多讲话就是一些非正式或非公开场合的讲话，反映了邓小平同志讲话的鲜明特色。1983 年年初，他在同国家计委、国家经委和农业部门负责同志谈话时指出,各项工作都要有助于建设有中国特色的社会主义,都要以是否有助于人民的富裕幸福,是否有助于国家的兴旺发达,作为衡量做得对或不对的标准。这可以说是邓小平同志对中国特色社会主义建设长期思索的结晶。1991 年春节,邓小平在上海并没有像以往一样到西郊宾馆和家人一起共度春节,而是到处视察、听取汇报、发表看法。他对陪同的时任上海市委书记朱镕基说:"我们说上海开发晚了,要努力干啊!"他提出了很多新的思想观点,特别是在从计划经济走向市场经济方面,提出了"不要一说计划经济就是社会主义,一说市场经济就是资本主义,不是那么回事,两者都是手段"。1992 年 1 月 18 日至 2 月 21 日,邓小平在武昌、深圳、珠海、上海等地,发表了一系列重要讲话。整理后的邓小平南方谈话是一篇著名的讲话,对中国 20 世纪 90 年代的经济改革与社会进步起到了关键的推动作用。

第五章　改进领导干部外事活动的文风

外事工作是涉外工作的统称,涉及外交、经贸、金融、财税、海关、口岸管理等多个领域。领导干部是一个地方、部门和单位负责同志,同时也代表着单位的形象。在领导干部的各项工作中,外事工作是一项重要的工作。随着我国对外开放步伐的进一步加快,领导干部的涉外交往也越来越多,领导干部要出席各种有外国友人参加的会议、接待、剪彩等外事活动,这就要发表讲话、书面文章。这里面也有一个文风问题。领导干部外事活动中的文风影响着领导干部在对外交往中的形象,必须按照习近平总书记倡导的改文风的要求,努力改进领导干部外事活动的文风。

一、领导干部外事公文文风

这里的公文主要包括两个方面的内容,一是领导干部在工作中要处理大量的工作性的文书,比如订立协定,发表公告,工作性的函件往来等;二是领导干部在出访某个国家时,接受到访国媒体的书面采访,或者在到访国的主流媒体发表署名文章。这两种不同性质的公文,文风要求也不尽相同。

(一)领导外事文书文风

外事文书是指领导干部在国际政治、外交、军事、经济贸易、科学文化、法律、宗教等外事工作实践活动中用于发布和贯彻执行国家的对外政策,执行法律,证明身份,叙述事实,申明立场、观点,表示态度,交涉问题,传递信息,建立友谊与合作,通知事务,通告情况,订立协议,礼仪往来等的一种重要工具。领导干部的涉外活动一般都是官方的正式活动,具有政治性,马虎不得。外事公文的内容一般都涉及国家、民族、一定的法人组织的利益。所以,外事文书文体格式、使用方式、撰写要求都有一定的严肃性和国际通用的规范。因此,领导干部外事活动中文书往来,都要有其独特的文风。

1. 严肃、准确

外事工作由很强的政策性。所以"外事无小事",在外事工作中出现的问题,都涉及国与国之间的相互关系,一旦处理不好就都会影响国际关系和我国外事工作方针的贯彻落实。外事工作的重要性对外事文书的文风提出了更高的要求。那就是要体现出党和国家的外事工作路线、方针、政策。所以,外事文书的文风首先就是严肃、准确。只有严肃、准确才能既体现了党和国家的外交政策,又以合适的语言表达出来。

外交公报是一种重要的外事文书。它是国家、政府、政党、团体向国内外公布重大事件或重要会议与决议的正式报道。外交公报分为单发公报和联发公报。单发公报主要用以一国或其政府的名义，正式向外报道关于国家领导人出访、来访的消息等。联发公报通常为联合公报，是两个或两个以上国家、政府、政党、团体所共同发表的，关于国际重大问题、事件的会谈进展情况、经过、达成协议的正式文件用以表明双方或多方的共同看法；或作为对会议的正式报道；或作为经过谈判达成的具有承担一定权利或义务的协议文书。其中政治性、新闻报道性联合公报报道对国际重大问题的讨论情况，多无实质性内容，属于礼节性友好往来的正式报道。它不需要双方代表签署，仅由双方议定文稿，在各自首都的重要报刊上发表。条约性的联合公报反映双方或多方对共同关心的事件经过谈判达成的协议，规定各方承担的权利与义务等，须经各自全权代表签署，以昭信守。内容上还包括建交、复交的联合公报等。这样的公报要反映一个国家对另一个国家的外交政策，以及双方达成的共同协定，所以，严肃、准确是第一位的要求。

中美建交公报

（一九七八年十二月十六日发表）

中华人民共和国和美利坚合众国商定自一九七九年一月一日起互相承认并建立外交关系。

美利坚合众国承认中华人民共和国政府是中国的唯一合法政府。在此范围内，美国人民将同台湾人民保持文化、商务和其他非官方关系。

中华人民共和国和美利坚合众国重申上海公报中双方一致同意的各项原则，并再次强调：

——双方都希望减少国际军事冲突的危险。

——任何一方都不应该在亚洲—太平洋地区以及世界上任何地区谋求霸权，每一方都反对任何国家或国家集团建立这种霸权的努力。

——任何一方都不准备代表任何第三方进行谈判，也不准备同对方达成针对其他国家的协议或谅解。

——美利坚合众国政府承认中国的立场,即只有一个中国,台湾是中国的一部分。

——双方认为,中美关系正常化不仅符合中国人民和美国人民的利益,而且有助于亚洲和世界的和平事业。

中华人民共和国和美利坚合众国将于一九七九年三月一日互派大使并建立大使馆。

1978年12月16日,中美两国《中美建交公报》发表,美国承认中华人民共和国中央人民政府是中国唯一合法政府。它的发表,标志着中美隔绝状态的结束和关系正常化进程的开始。

1979年1月1日《中美建交公报》正式生效,中美正式建交。

中美建交结束了长期的对峙,开始了两国关系的新阶段;提高了两国的战略地位,改变了国际战略格局,对亚太地区的和平与稳定有重大的意义;有利于两国的经济、贸易、科技、文化、金融等各方面的交流与发展;中国处于美苏之间的关键性制衡地位,使中国战略地位空前提高。

这份建交公报言简意赅,主题鲜明,以毫不模糊的语言表明了两国的态度,体现了严肃、准确的文风。

2. 严密、细致

外事文书一经发出,驷马难追。所以,不仅要求文字不能有任何错误,连标点符号都要仔细斟酌。一切称谓、款式,都应该得当和得体,不能草率从事。比如说,在电函、换文之类的文体上,对收电(文)人都用尊称。如对地位高的官方人士(一般为部长级以上的高级官员),按国家情况称"阁下"、职衔或先生,如"部长先生阁下""主席先生阁下""大使先生阁下",有时也简称"阁下";对君主制国家的国王、王后称"陛下",对王子、公主、亲王等称"殿下",对有爵位的人士可称爵位或先生;对社会主义国家的领导人一般称同志;对女性一般称女士、小姐,已婚的称夫人等。

3. 规范、稳妥

外事公文一个重要的文风特点是规范。各种不同的外事文书都有着自己不同的格式和专门的用法。如果用错了，不仅会影响内容的表达，甚至还可能会引起不必要的误会。不同的国家都有使用自己国家语言文字的权利。两个国家共同签署外事文书时，每个国家都会按照自己国家的语言各发表一份文本，但内容都必须表达出共同的意思，不能出现各自表达自己意思的情况。

中华人民共和国和美利坚合众国联合公报

（一九七二年二月二十八日）

应中华人民共和国总理周恩来的邀请，美利坚合众国总统理查德·尼克松自一九七二年二月二十一日至二月二十八日访问了中华人民共和国。陪同总统的有尼克松夫人、美国国务卿威廉·罗杰斯、总统助理亨利·基辛格博士和其他美国官员。

尼克松总统于二月二十一日会见了中国共产党主席毛泽东。两位领导人就中美关系和国际事务认真、坦率地交换了意见。

访问中，尼克松总统和周恩来总理就美利坚合众国和中华人民共和国关系正常化以及双方关心的其他问题进行了广泛、认真和坦率的讨论。此外，国务卿威廉·罗杰斯和外交部长姬鹏飞也以同样精神进行了会谈。

尼克松总统及其一行访问了北京，参观了文化、工业和农业项目，还访问了杭州和上海，在那里继续同中国领导人进行讨论，并参观了类似的项目。

中华人民共和国和美利坚合众国领导人经过这么多年一直没有接触之后，现在有机会坦率地互相介绍彼此对各种问题的观点，对此，双方认为是有益的。他们回顾了经历着重大变化和巨大动荡的国际形势，阐明了各自的立场和态度。

中国方面声明:哪里有压迫,哪里就有反抗。国家要独立,民族要解放,人民要革命,已成为不可抗拒的历史潮流。国家不分大小,应该一律平等,大国不应欺负小国,强国不应欺负弱国。中国决不做超级大国,并且反对任何霸权主义和强权政治。中国方面表示:坚决支持一切被压迫人民和被压迫民族争取自由、解放的斗争;各国人民有权按照自己的意愿,选择本国的社会制度,有权维护本国独立、主权和领土完整,反对外来侵略、干涉、控制和颠覆。一切外国军队都应撤回本国去。中国方面表示:坚决支持越南、老挝、柬埔寨三国人民为实现自己的目标所作的努力,坚决支持越南南方共和临时革命政府的七点建议以及在今年二月对其中两个关键问题的说明和印度支那人民最高级会议联合声明;坚决支持朝鲜民主主义人民共和国政府一九七一年四月十二日提出的朝鲜和平统一的八点方案和取消"联合国韩国统一复兴委员会"的主张;坚决反对日本军国主义的复活和对外扩张,坚决支持日本人民要求建立一个独立、民主、和平和中立的日本的愿望;坚决主张印度和巴基斯坦按照联合国关于印巴问题的决议,立即把自己的军队全部撤回到本国境内以及查谟和克什米尔停火线的各自一方,坚决支持巴基斯坦政府和人民维护独立、主权的斗争以及查谟和克什米尔人民争取自决权的斗争。

美国方面声明:为了亚洲和世界的和平,需要对缓和当前的紧张局势和消除冲突的基本原因作出努力。美国将致力于建立公正而稳定的和平。这种和平是公正的,因为它满足各国人民和各国争取自由和进步的愿望。这种和平是稳定的,因为它消除外来侵略的危险。美国支持全世界各国人民在没有外来压力和干预的情况下取得个人自由和社会进步。美国相信,改善具有不同意识形态的国与国之间的联系,以便减少由于事故、错误估计或误会而引起的对峙的危险,有助于缓和紧张局势的努力。各国应该互相尊重并愿进行和平竞赛,让行动作出最后判断。任何国家都不应自称一贯正确,各国都要准备为了共同的利益重新检查自己的态度。美国强调:应该允许印度支那各国人民在不受外来干涉的情况下决定自己的命运;美国一贯的首要目标是谈判解决;越南共和国和美国在一九七二年一月二十七日提出的八点建议提供了实现这个目标的基础;在谈判得不到解决时,美国预计在符合印度支那每个国家自决这一目标的情况下从这个地区最终撤出所有美国军队。美国将保持其与大韩民国的密切联系和对它的支持;美国将支持大韩民国为谋求在朝鲜半岛缓和紧张局势和增加联系的努力。美国最高度地珍视同日本的友好关系,并将继续发展现存的紧密纽带。按照一九七一年十二月二十一日联合国安全理事会的决议,美国赞成印度和巴基斯坦之间的停火继续下去,并把全部军事力量撤至本国境内以及查谟和克什米尔停火线的各自一方;美国支持南亚各国人民和平地、不受军事威胁地建设自己的未来的权利,而不使这个地区成为大国竞争的目标。

中美两国的社会制度和对外政策有着本质的区别。但是,双方同意,各国不论社会制度如何,都应根据尊重各国主权和领土完整、不侵犯别国、不干涉别国内政、平等互利、和平共处的原则来处理国与国之间的关系。国际争端应在此基础上予以解决,而不诉诸武力和武力威胁。美国和中华人民共和国准备在他们的相互关系中实行这些原则。

考虑到国际关系的上述这些原则,双方声明:

——中美两国关系走向正常化是符合所有国家的利益的;

——双方都希望减少国际军事冲突的危险;

——任何一方都不应该在亚洲—太平洋地区谋求霸权,每一方都反对任何其他国家或国家集团建立这种霸权的努力;

——任何一方都不准备代表任何第三方进行谈判,也不准备同对方达成针对其他国家的协议或谅解。

双方都认为,任何大国与另一大国进行勾结反对其他国家,或者大国在世界上划分利益范围,那都是违背世界各国人民利益的。

双方回顾了中美两国之间长期存在的严重争端。中国方面重申自己的立场:台湾问题是阻碍中美两国关系正常化的关键问题;中华人民共和国政府是中国的唯一合法政府;台湾是中国的一个省,早已归还祖国;解放台湾是中国内政,别国无权干涉;全部美国武装力量和军事设施必须从台湾撤走。中国政府坚决反对任何旨在制造"一中一台"、"一个中国、两个政府"、"两个中国"、"台湾独立"和鼓吹"台湾地位未定"的活动。

美国方面声明:美国认识到,在台湾海峡两边的所有中国人都认为只有一个中国,台湾是中国的一部分。美国政府对这一立场不提出异议。它重申它对由中国人自己和平解决台湾问题的关心。考虑到这一前景,它确认从台湾撤出全部美国武装力量和军事设施的最终目标。在此期间,它将随着这个地区紧张局势的缓和逐步减少它在台湾的武装力量和军事设施。

双方同意,扩大两国人民之间的了解是可取的。为此目的,他们就科学、技术、文化、体育和新闻等方面的具体领域进行了讨论,在这些领域中进行人民之间的联系和交流将是互相有利的。双方各自承诺对进一步发展这种联系和交流提供便利。

双方把双边贸易看作是另一个可以带来互利的领域,并一致认为平等互利的经济关系是符合两国人民的利益的。他们同意为逐步发展两国间的贸易提供便利。

双方同意,他们将通过不同渠道保持接触,包括不定期地派遣美国高级代表团前来北京,就促进两国关系正常化进行具体磋商并继续就共同关心的问题交换意见。

双方希望,这次访问的成果将为两国关系开辟新的前景。双方相信,两国关系正常化不仅符合中美两国人民的利益,而且会对缓和亚洲及世界紧张局势作出贡献。

尼克松总统、尼克松夫人及美方一行对中华人民共和国政府和人民给予他们有礼貌的款待,表示感谢。

这篇会谈联合公报,具有划时代的意义,在写作上也非常规范。其标题采用了文称标题法,省略了发表会谈的国家名称和事由。发表联合公报的时间放在了标题之下,用括号括起。其正文由 16 个自然段组成,大体上可分三个部分。第 1—4 自然段为开头部分,写了美利坚合众国总统应中华人民共和国总理周恩来的邀请,来华访问、会谈和参观的一般情况。第 5—16 自然段为主体部分,写了两国会谈的结果,其中又包括 3 个层次:第一个层次写中美两国的立场和态度;第二个层次写中美两国相互关系的原则和共同声明;第三个层次写中美双方就科学、技术、文化、体育、新闻、贸易等方面的磋商结果。第 16 自然段为结尾部分,写尼克松总统的感谢词。

这份联合公报的措辞非常严谨、慎重,是经过反复协商而写就的。公报中中美各方的声明皆立场坚定,旗帜鲜明;共同声明本着求大同存小异的原则,显然照顾到了各方都能共同接受。比如在美国方面的声明中写道:"美国认识到,在台湾海峡两边的中国人都认为只有一个中国,台湾是中国的一部分。美国政府对这一立场不提出异议。"就是这样。它比起中国重申的立场中所讲的:"中华人民共和国政府是中国的唯一合法政府;台湾是中国的一个省,早已归还祖国;解放台湾是中国的内政,别国无权干涉;全部美国武装力量和军事设施必须从台湾撤走。"显然在措辞上有所不同,但其基本意思是一样的。唯有这样写,两国才能共同接受。当然找到两国都能接受的措辞并非轻而易举,看来两国谈判代表是下了一番功夫的。

(二)领导干部在国外媒体发表书面文章的文风

出访前在到访国家的媒体上发表署名文章是近些年来一种新兴的外交方式。这种方式是出访前对国外媒体"种种分析和猜测"的"很好回应"。近年来,习近平主席在国外发表诸多重要文章。

党的十八大以前,中国国家主席出访的时候,习惯做法是接受到访国媒体联合采访。党的十八大以后,习近平主席较多地采取在访问国报刊上发表署名文章,这是一种外交上的创新,开启了独具个人特色的外交方式。相对于联合采访,发表署名文章的效果更好。习近平主席通过纸质媒体,可以直接让他国民众接触自己的观点,展现领导人思想和立场的全貌,避免断章取义;以印刷媒体发表,避免了电子媒体(电视、网络等)转述报道带来曲解的可能,领导人以更加亲近和平民化的语言陈述,更有利于拉近其与别国民众的距离,同时纸质文件比现场应答更加经过深思熟虑,表达更加准确,避免了一些可能发生的失误。2014年3月23日,国家主席习近平在荷兰《新鹿特丹商业报》发表题为《打开欧洲之门 携手共创繁荣》的署名文章。这是习近平主席上任后,首次在海外报刊发表署名文章。从此以后,习近平主席更多地使用这种方式,在出访前在国外权威媒体上发表文章,用亲民的语言传递中国温度,传播中国好声音,阐述中国主张。出访前发表署名文章还有为出访定位和定调的意味。比如习近平主席出访荷兰前在荷兰媒体发表的文章就直接点出"我这次欧洲之行,就是要同欧洲伙伴增进互信、深化合作、承前启后、继往开来,全面提高中欧关系水平"。而且还用"四个而来"作进一步的阐述;访问法国前在法国媒体发表署名文章指出出访法国,"是为了总结过去、传承友好、继往开来,推动中法关系更上一层楼";出访德国前在德国媒体发表署名文章指出"全面深化中德关系,缺的不是利益契合和共同目标,而是勇气、胸襟、视野",自己是"补缺"来的;出访韩国前在韩国媒体发表署名文章指出,出访韩国是为了"叙友好、话合作、谋发展、维和平";等等。这些定位、定调,真挚坦诚地释放出积极的信号,直接拉近了与到访国国民的距离,获得了好评。

在海外主流媒体发表文章和在国内不同,阅读对象是到访国家的国民,所以,这种文章的文风要求也不相同,从习近平主席发表的诸多文章来看,文风主要体现在以下几个方面。

1. 旁征博引,展现魅力

中国古典诗词言短意长,其语言具有朦胧美、含蓄美和凝练美的特点。在外交活动中大量引用中国古典诗词,一方面增加了领导人的个人魅力,彰显了深厚文化素养;另一方面也展示了中华文化的博大精深及友好、开放和智慧的一面,借助传统文化增强了我国外交的软实力与吸引力。

比如说,习近平主席在荷兰媒体发表署名文章《打开欧洲之门 携手共创繁荣》中说,我这次访欧是为和平而来。中国有句古话:"天时不如地利,地利不如人和。"当前世界需要发展,发展需要和平。中国人民同各国人民一样,既要争取和平的国际环境发展自己,又要通过自身的发展维护和促进世界和平。习近平主席在法国媒体发表署名文章《特殊的朋友　共赢的伙伴》中指出,孔子曰:"五十而知天命。"中法关系50年的发展历程,为双方维持特殊友谊、走好共赢道路凝聚了许多有益经验和启迪。习近平主席在比利时媒体发表的署名文章《中欧友谊和合作:让生活越来越好》中指出:"智者求同,愚者求异。"中欧要本着相互尊重、平等相待、求同存异、合作共赢的态度去加强对话和沟通,寻求利益最大公约数,共享机遇,共迎挑战。习近平主席在韩国媒体发表署名文章《风好正扬帆》指出,"一花独放不是春,百花齐放春满园"。在国际金融危机深层次影响尚未完全消除的情况下,中韩还应该同舟共济、携手努力,共同引领地区发展,为亚洲繁荣和振兴作出贡献。习近平主席在蒙古国媒体发表署名文章《策马奔向中蒙关系更好的明天》指出,"有良驹不怕路远,有益友不畏艰难。"回顾两国建交65年的历史,友好和合作是中蒙关系的主基调。习近平主席在塔吉克斯坦媒体发表署名文章《让中塔友好像雄鹰展翅》中指出,层峦叠嶂、奇峰林立的帕米尔高原,是雄鹰展翅翱翔的地方。中国古代思想家孔子说:"仁者乐山。"这样一个雄壮多山的国度,人民宁静而有内涵,令人神往。习近平主席在马尔代夫媒体发表署名文章《真诚的朋友,发展的伙伴》指出,"潮平两岸阔,风正一帆悬。"当前,中马关系处于新的上升期,面临重要发展机遇。我们要抓住机遇,乘势而上,巩固中马传统友谊,深化各领域合作,推动中马关系不断迈上新台阶。习近平主席在澳大利亚媒体发表署名文章《开创中澳关系更加精彩新篇章》中指出，"志合者，不以山海为远。"中国和澳大利亚虽然远隔重洋，但历史和现实的纽带将我们紧紧连在一起。

2. 通俗亲民，拉近距离

在国外媒体发表文章，主要的阅读对象到访国家的国民。怎样引起对方的阅读兴趣呢？使用通俗亲民的语言，引用到访国家的名言谚语是习近平主席在国外媒体发表文章常用的方式。通过这种方式，迅速拉近了与到访国国民的距离，引起了到访国国民的热烈欢迎。比如说，伊克巴尔是巴基斯坦伊斯兰哲学家和诗人，他的思想对创建巴基斯坦产生了重要影响，是该国人民宝贵的精神财富。习近平主席访问巴基斯坦时指出，早在20世纪30年代，巴基斯坦伟大诗人伊克巴尔就写下了"沉睡的中国人民正在觉醒，喜马拉雅山的山泉已经开始沸腾"的诗句，赞扬和声援中国人民争取民族独立、反抗外来侵略的斗争。习近平主席引用的这句诗出自伊克巴尔的《侍酒歌》。伊克巴尔关心中国革命，正如中国也同样对巴基斯坦的历史遭遇和斗争历程感同身受。习近平主席指出，巴基斯坦认为"诚信比财富更有用"，中国认为"人而无信，不知其可也"，两国传统文化理念契合相通。习近平主席分别引用中巴两国关于诚信的名句，呼应了千年丝绸之路中巴两个古老文明之间架起友谊桥梁，享有相通的文化理念和价值观，这更有利于两国在全球和地区问题上协调配合。

再如，习近平主席在法国媒体发表署名文章《特殊的朋友　共赢的伙伴》中指出，中国人讲"知行合一"，法国人讲"打铁方能成铁匠"，都强调要把思想转化成为行动。习近平主席在韩国媒体发表署名文章《风好正扬帆》中指出，韩国有句俗语："三个铜板买房屋，千两黄金买邻居。"中韩两国人民自古就是好邻居。带着对善邻的友好感情，我即将对美丽的韩国进行国事访问。习近平主席在斯里兰卡媒体发表署名文章《做同舟共济的逐梦伙伴》中指出，斯里兰卡谚语说，教人学会捕鱼，能使之永远不受饥饿。中方将把亲、诚、惠、容的周边外交理念落实到对斯里兰卡合作的各领域,努力使中国发展更好惠及斯里兰卡人民。习近平主席在新西兰媒体发表署名文章《共同描绘中新关系更加美好的未来》中指出,毛利人有句名言:"幸福掌握在自己手中。"中新合作即将开启新的征程,中新关系未来同样掌握在我们自己手中。习近平主席在斐济媒体发表署名文章《永远做太平洋岛国人民的真诚朋友》中指出,太平洋岛国人民常说:"我们的世界本身就是一座岛屿。"浩瀚无垠的太平洋将中国和包括斐济在内的岛国紧紧联系在一起,也拉近了我们心灵的距离。习近平主席在巴基斯坦媒体发表署名文章《中巴人民友谊万岁》中指出,在巴基斯坦,有这样一句乌尔都语诗歌:"朋友的美好形象,就在我心的明镜之中,稍一低头,就能看见。"在我心目中,巴基斯坦就是这样一位好朋友。在巴基斯坦,人们用"比山高、比海深、比蜜甜"这样诗歌般的语言来赞颂中巴友谊。在中国,人们都把巴基斯坦称作"真诚可靠的朋友"。习近平主席在俄罗斯媒体发表署名文章《铭记历史,开创未来》中指出,俄罗斯著名历史学家克柳切夫斯基说过,"如果丧失对历史的记忆,我们的心灵就会在黑暗中迷失"。忘记历史就意味着背叛。习近平主席在白俄罗斯媒体发表署名文章《让中白友好合作的乐章激越昂扬》中指出,白俄罗斯有句名言:"友谊和兄弟之情胜过所有的财富。"中国人民和白俄罗斯人民都尚情重义,更有着在70年前世界反法西斯战争中用鲜血凝结而成的兄弟情谊。习近平主席在越南媒体发表署名文章《携手开创中越关系的美好明天》中指出,越南有句俗语:"独木难成林,三树聚成山。"我期待着访问期间同越南领导人进行深入沟通,规划今后一个时期中越关系发展方向,使中越关系行稳致远。

　　3. 以理服人,又以情动人
　　正如文秀在《习近平海外署名文章的风格及特点》一文指出:
　　习近平主席海外署名文章继续沿用和保持他善于讲故事、举事例,摆事实、引数据的风格与特点,既以理服人,又以情动人。习近平主席曾说,讲故事比讲道理更好。他发表在比利时《晚报》上的文章,一开头就写道"我曾看到两个故事",然后说"这样的故事还有很多很多",从这些故事中"让我感受到中欧友谊和合作的强大力量";他发表在马尔代夫《今晚报》上的文章,也讲述了中国明代航海家郑和率船队两度到过马尔代夫,马尔代夫国王伏素福也3次派遣使者来华的故事,以此说明中马友谊来往源远流长;他发表在斯里兰卡《每日新闻》报上的文章讲述了两国高僧法显开启千年佛缘、郑和七次远航的历史纽带、患难见真情的米胶协定,以及两国人民在印度洋海啸和汶川地震中守望相助的感人佳话;他发表在澳大利亚《澳金融评论报》上的文章,生动列举了被誉为"光明使者"的澳大利亚眼科大夫格拉翰姆为中国多名眼疾患者进行手术,而当澳大利亚多地遭受严重火灾时,中方迅速向澳方提供火灾卫星数据,施以援手,留下了许多两国友好来往的佳话。他发表在《新西兰先驱报》上的文章,生动地写道:"提及中新关系,我的脑海中总会浮现出两幅动人的画面",随即讲了两国人民在危难关头相互帮助和支持的故事。这些故事和事例,都是活生生的有血有肉的东西,它往往带给人温暖,触动两国人民的情感,唤起人们心中的美好回忆,既"走心"又动心。在让故事讲理的同时,又用大量数据去支撑,这在习近平主席海外文章中也随处可见。他在回顾50年来中法关系时,一连用了七个"第一",把中法关系的高质量一下子凸显出来;他常常用两国间的航班数、人员往来数、经贸发展数据等来描述两国人民你来我往的亲密程度,比如,他的文章写道:中法每周有近60次、中德每周有70多次航班往返、中韩每周有多达800多个;又比如,中德每年有超过100万游客走来走去,中欧"双方每年人员往来达到550多万人次、互派留学生27万多人","去年,中韩人员往来达822万人次,不出两年,我们就有望迎来年度人员往来千万人次",中蒙"两国人员往来约130万人次",中国和印度"去年,两国人员往来达到82万人次",中澳"2013年两国人员往来突破150万人次";经贸数据更像一串串音符,流淌在每一篇文章的字里行间,在论述中国与荷兰、法国、德国、比利时、韩国和塔吉克斯坦等国这些年的经贸往来时都盘点列出了一大串数据,比如,他写到中德两国"迄今有 8200 多家德国企业在华安家落户。超过 2000 家中国企业在德国站稳脚跟","两国政府的 60 多个对话、合作机制运行顺畅",等等。正如习近平主席自己文章中所说的,"这些数据的背后",是"友谊和合作给双方人民带来了更多的丰富的商品、更多的工作岗位、更好的学习机会"。故事、事例、事实和数据,让习近平主席海外署名文章充满力量,更添魅力。[①]

二、外事活动讲话的文风

领导人在一些外交场合要发表讲话,这些讲话的形式主要有讲话、谈话、发言、演讲、接受记者采访等。一个国家领导人、代表团重要成员代表在某一外交场合,或国际性会议、双边会谈;或会见、接见外国来宾、外国记者;或在群众性集会上所发表的"讲话""谈话""发言""演讲"等的内容主要包括:代表国家宣布或阐述本国的外交政策;对某些重大国际问题表明本国的立场、主张和态度;答辩、争辩;或者就某些问题提出号召和倡议;祝贺;对主人的热情款待、恩惠的答谢;对重要人物逝世的哀悼、吊唁等。这些讲话、谈话、发言、演讲、接受记者采访等都起着宣传自己,交流思想,鼓动人心,启发和教育、慰问、感谢和安慰的作用。这些外事活动的讲话要贯彻执行本国的外交政策,以国内、国际法律为准绳,要有鲜明的观点,不能东扯葫芦西扯瓢,离题太远。在阐明观点时要讲事实,摆道理,持之有故,论之有据,谈言微中,才能使人信以为真。只有讲到别人关心的问题,对方才会感兴趣,不看对象的对牛弹琴,不会收到有益的效果。这些外事活动的讲话和在媒体上公开发表的署名文章不一样,是以口头的方式向外传达,要求语言有口语性。精湛简练的语言、生动活泼的辞藻、刚柔相济的表达方式、精密的

---

① 文秀:《习近平海外署名文章的风格及特点》,中国新闻网,2014 年 12 月 29 日。

逻辑推理,是取得讲话成功的重要因素。具体说来,领导干部在外事活动的讲话中要注意的文风主要包括以下几个方面。

(一)幽 默

正如李小兰在《周恩来外交语言研究》一文中指出:

在外交场合,有时对方会问到一些十分敏感的问题,对这样的问题,如果直接回答可能会落入对方的圈套使自己处于被动的地位,如果不予回答又可能造成误会,不利于外交活动的进行。此时就应该避其锋芒、巧妙作答,而周恩来恰好在这方面做得游刃有余。周恩来在外交活动中有过许多风趣机智的语言,这些语言不仅可以有效地传递感情,或使紧张的气氛得到和缓或使有意攻击我方的人尴尬难堪,而且还可以增加相互的了解,建立融洽的关系。1960年4月,为解决中印边境问题,周恩来率团对印度进行了为期6天的访问。访问中,周恩来表示中印两国应该永久地友好下去,边界问题可以找到共同点或接近点。但是有印度代表却刁难道:"西藏什么时候成为中国的领土的?"面对这样不友好的提问,周恩来说:"西藏自古就是中国的领土。在元代,它就已经是中国领土的一部分了。"印度代表又以时间太短了来回答。面对进一步的刁难,周恩来说,中国的元代离现在已经有700多年的历史了,如果700年的时间都算短的话,那么,美国建国到现在只有100多年的历史,美国可以看做一个国家吗?如果承认美国是一个国家,那么西藏就是属于我国的领土。周恩来用700年和100年对比,既让结果显而易见,又让对方哑口无言。直言快语不是在任何场合都适用的,外交语言的含蓄和幽默可以消除尴尬,甚至可以让对方愉快地接受现实。1963年12月,周恩来访问摩洛哥时,国王哈桑突然说,当今世界上的国王和皇帝已经不多了,不知以后会不会变化。这个问题表面看起来似乎是一个随意的谈话,但其中蕴含了政治因素,对方是在试探中国对君主制的看法。面对这样的问题,周恩来说,你们可以组织一个委员会,开个会讨论嘛,陛下您可以担任委员长。周恩来没有正面回答国王的问题,用打太极似的方法把问题推给了问话者,这样做既在诙谐中有所寓意,又避免了在轻松的氛围谈论严肃的政治问题的尴尬,还体现了我国外交政策中不干涉别国内政的原则。1971 年 4 月初,美国乒乓球代表队应邀访华。在与美国乒乓球代表团的谈话中,周恩来的语言显得非常机智巧妙。谈话中,一个队员询问周恩来对美国青年中广泛流行的嬉皮士运动的看法,周恩来先是谦虚地表达对这个运动不太清楚,然后说道:"可能是现在的青年对现状有点不满,想寻求真理。青年思想波动时会表现为各种形式。但各种表现形式不一定都是成熟的或固定的。因为,寻求真理的途径总要通过各种实践来证明是对还是不对,这在青年时代是许可的。""如果自己通过实践证明是错误的,就应该改正。正确的坚持,错误的改正,这是我们的认识。"在同美国代表的谈话中,周恩来没有表达出对资产阶级的敌视或者对嬉皮士颓废生活状态的批评,没有谈到严肃的国家制度问题,取而代之的是对青年人想法和做法的理解和像朋友像长者般的循循善诱,这既符合当时自由交谈的氛围,也表达出中国政府认同美国青年的一些做法、愿意同美国人民或者美国政府深入交往的态度,因此这次"乒乓球外交"也有力地推进了中美两国关系的发展。①

邓小平在外事谈话中总是能通俗易懂,让一般老百姓也能对国家的外交方略心领神会,他常常会在机智中不乏幽默,一针见血、举重若轻,甚至令人捧腹大笑。

1960 年 9 月,邓小平受党中央毛主席委派,率中共代表团飞抵莫斯科参加 26 国党决议起草委员会的会议。在克里姆林宫苏共的欢迎宴会上,赫鲁晓夫挑衅道:"邓小平同志,阿尔巴尼亚劳动党那个霍查老爱自搞一套,弄得国际共产主义运动总是不团结,中国应该有个态度才对!"很明显,这是用阿尔巴尼亚影射中共不听苏共指挥。邓小平心

---

① 李小兰:《周恩来外交语言研究》,四川师范大学学位论文,2011 年,第 30—31 页。

若明镜,直率诚恳而不慌不忙地回敬道:"阿尔巴尼亚劳动党是个小党,但能坚持独立自主的方针,你们应该好好尊重人家才对,不应该随便向人家施压,你们是老大哥嘛!"邓小平一针见血,切中要害,说得赫鲁晓夫张口结舌,一时语塞。宴会上,赫鲁晓夫不再谈援助,也不再谈阿尔巴尼亚,索性将矛头直接对准了他正在隆重接待的中国客人。"邓小平同志,你们中国在斯大林问题上态度前后不一致"。赫鲁晓夫煞有介事地将淡淡的眉头皱成肉疙瘩。邓小平回答得很干脆:"我们的态度是一贯的。"赫鲁晓夫皱着眉头说:"你们开始拥护我们,后来又反对我们。"邓小平严肃地说:"拥护什么?反对什么?这个问题要说清哟。反对个人迷信,我们过去拥护,现在仍然坚持。……因为我们比任何人对个人迷信的体会更深切,受害也最深。……要批判,但不能全盘否定,尤其不允许以反个人迷信来影射攻击其他兄弟党。"赫鲁晓夫只有招架之功,无还手之力,而其狡辩却是稀奇的。接下来,他冷不防将话题转到高岗身上来:"高岗是我们的朋友,你们清除了他,就是对我们的不友好,但他仍然是我们的朋友。"赫鲁晓夫在一些重大场合说话往往缺少深思熟虑,有时甚至不计后果。他就在宴会上,当着那么多人的面发泄情绪说:"你们不是喜欢莫洛托夫吗?你们把他拿去好了,把他给你们。但高岗是我们的朋友。"邓小平显出少有的严厉,甚至是一种历史的庄严,针锋相对地说:"这可是你说的话啊。你这个讲法要记录在案!高岗是我们党内的事,莫洛托夫是你们党内的事,在这种场合你把这些拿出来,不合适吧?"邓小平觉得又好气又好笑,遇到这种水平的对手,当然没有必要再与他多纠缠。苏共中央主席团的成员们都知道赫鲁晓夫又失控了,便纷纷起来打圆场,赶忙敬酒,借此阻止赫鲁晓夫乱说话。赫鲁晓夫感觉自己说话失控,也尴尬地借碰杯转了话题。

朱镕基在外事活动中一些讲话也极具幽默色彩。比如说,1999年4月9日,在与美国前总统国家安全事务助理斯考克罗夫特谈中美关系时,朱镕基说:中国是不是美国的威胁?我说,我们能威胁什么呢?

克林顿总统不是讲了,中国只有 20 多件核武器,美国有 6000 多件,那你们怕什么呢? 我必须声明,中国是不是有 20 多件核武器,我确确实实不知道,我也不知道克林顿总统是通过什么方法知道的。1999 年 4 月 14 日,在麻省理工学院的演讲和答问时,朱镕基是如此开头的:校长先生,女士们,先生们:我衷心地感谢校长先生邀请我到 MIT(麻省理工学院)来,使我能够有机会会见这么多有学问的教授和学者,包括来自我的母校清华大学的校友。昨天在纽约,我的好朋友达克特克森杰告诉我:"你是第二个有勇气到 MIT 去作演讲的国家领导人。"我确实没有这个勇气,特别是要作学术演讲。我 1947 年在清华大学学习的时候,清华被称为"中国的 MIT",我所学习的教科书大部分都是从 MIT 来的,我当时就憧憬有一天能够到 MIT 来学习,而且拿一个学位。但是,如果我要得到一个学位的话,一定要经过学习、考试、答辩。但是我 70 岁了,已经做不到了,看样子我这一辈子也拿不到你们的学位了。2000 年 10 月 14 日,接受东京广播公司(TBS)采访时,朱镕基自我介绍:不久前,日本执政三党的干事长访问中国。自民党干事长野中广务向我提出忠告:"届时你无论如何要保持满脸笑容,越是对你提尖锐的问题,你越是要笑。"这对我来说有点难度。我平常讲话的时候,表情都是比较严肃的。今天我要努力去做,尽量保持笑容。希望朋友们不要觉得我笑得太勉强,更不要觉得我笑得太可怕。请多多关照。

(二)睿　智

在外事活动中,经常也会有很多外交对手或记者故意发难,提出一些刁钻问题为难领导人,遇到这种情况,领导人只有机智巧妙地回答才能化险为夷,这对领导人的素质提出了更高的要求,睿智的回答也是领导人外事活动讲话的优良文风。

在日内瓦会议期间,一个美国记者先是主动和周恩来握手,周总理出于礼节没有拒绝,但没有想到这个记者刚握完手,忽然大声说:"我怎么跟中国的好战者握手呢? 真不该! 真不该!"然后拿出手帕不停地擦自己刚和周恩来握过的那只手,然后把手帕塞进裤兜。这时很多人在围观,看周总理如何处理。周恩来略略皱了一下眉头,他从自己的口袋里也拿出手帕,随意地在手上扫了几下,然后——走到拐角处,把这个手帕扔进了痰盂。他说:"这个手帕再也洗不干净了!"——尽管中美当时处于敌对状态,但周总理一贯的思想,还是把当权者和普通美国民众分开。在谈判桌上横眉冷对,那是一点情面也不讲的。但会场外,他可是统战高手,尽量做工作,力图潜移默化。他对普通美国民众一直是友好的,包括新闻记者在内。所以,在那个美国记者主动要和周总理握手时,周总理没有拒绝。但这个记者看来纯粹要使周总理难堪,否则不会自己主动握手,然后又懊悔不迭地拿手帕擦手。周总理在他擦手之前,也不会意识到他会这样做。当时大堂里人很多,就看你周恩来下不下得了台。所以周总理也拿出手帕擦手。两人做法不同的是,记者擦完手后仍把手帕塞回裤兜,而周总理是擦完手后把手帕扔进了痰盂。周总理的意思是:你的手帕还能用,我的手帕因为擦了以后沾染了你的细胞,你这无耻小人的病菌,再也不可能洗干净使用了,所以我就把它扔到痰盂里去。

在外交场合,李肇星以幽默健谈和反应敏捷出名,他总是能机智、巧妙地回答记者提出的一些尖刻的问题,因此新闻媒体给了他一个美名:"铁嘴钢牙"外交官。有一次,美国记者问:听说你们国家进口的一架大型客机被装上了窃听器,你对此有何评论?李肇星压根没有听过这事,这时,他只能"说点尽人皆知的事实":我们进口商品,是要付费的,我们未付款的东西,也不希望别国免费赠送。

有一次,他和美国一位领导人会谈,对方说,我对中国"侵略"西藏感到非常不满。李肇星立刻问他,你了解西藏的历史吗?对方摇摇头。李肇星说:"我可以向您解释,但您理解起来可能会有点困难,因为西藏被划入中国版图的时候,还没有美国这个国家。"

1995年,李肇星以外交部副部长的身份到智利参加两国外交部政治磋商。与智利副外长会谈后,李肇星示意中方代表团负责礼宾的同志把礼品拿出来。这是专程从国内带来的仿青铜工艺品——马踏飞燕。马踏飞燕，造型优美，一匹奔腾的骏马踩在飞翔的燕子上，栩栩如生，静中有动，动中有静。作为出土文物，名扬四海；作为工艺品，是中国政府对外活动中经常赠送的礼品。李肇星双手郑重地将包装精美的礼品交给智利副外长。双方工作人员赶紧拿出各自的照相机，准备拍下这友好的场面。按照西方的习惯，受礼人要当着赠礼人的面将礼品打开，然后赞扬、致谢。智利副外长麻利地解开扣在包装盒上的彩带，撕开包装纸，在众人期待的目光下、在三四部相机紧逼的镜头下，轻轻地打开古色古香的硬纸包装盒。这时，尴尬的一幕出现了：只见包装盒内，骏马不是踏着飞燕，而是躺在飞燕的旁边！可能是因为在运输途中剧烈碰撞，马脚与燕身结合处断裂了。现场气氛一下子凝固了。负责保管、包装礼品的小伙子吓得脸都白了，礼品是到了智利以后才包装的，如果包装时他打开盒子看一下，就不会把一个已经断裂的礼品再包装送人。因为他的粗心，导致了这尴尬一幕的出现。李肇星先是一怔，但很快就反应过来。他不慌不忙，从盒子里把骏马和飞燕拿出来，亲切地对智利副外长说：这是2000多年前的文物，十分珍贵。说着，他把骏马与飞燕对接好，转过身向主人介绍道：你看，这骏马奔腾的姿势，这矫燕飞翔的动作，是多么的生动、逼真，2000多年前人类就有这么高超的艺术水平、这么先进的铸造技术，就连今人也会自叹不如。大家点头称是。李肇星接着说，当然，古人也有考虑不周的地方，骏马与燕子结合的地方，做得不够结实——不过也不能责怪他们，他们哪里会想到，我们会万里迢迢把它带到大洋彼岸，送给我们最好的智利朋友呢？听到这里，在场的所有人都热烈鼓掌。智利副外长接过马踏飞燕，放进盒里，然后拉着李肇星的手使劲地握着，照相机"啪""啪"地拍下了这热烈的场面。智利副外长也许是因为认为这件礼品是原件而感动，也许是因为李肇星的机智和幽默而佩服。但不管是什么原因，李肇星的幽默不仅化解了一个小小的尴尬，而且让主人和客人都感到了愉悦。

(三)真 诚

在外事活动中,真诚演讲才能打动人。在两国关系相对紧张的条件下,精诚所至,金石为开。用真诚打破坚冰,国与国之间的关系才能破冰前行。

习近平主席在外交舞台上是本着真诚交友的态度去从外事活动的。他常说"以利相交,利尽则散;以势相交,势去则倾;以权相交,权失则弃;以情相交,情逝人伤;唯以心相交,淡泊明志,友不失矣"。习近平主席在外事活动的讲话中都充分体现了这种态度。2013 年 3 月习近平就任国家主席后首访俄罗斯,和普京见面时仅用一句话就拉近了彼此的心理距离:"我觉得,我和您的性格很相似。"2014 年 2 月,习近平主席出席索契冬奥会,成为首位出席海外大型体育盛会开幕式的中国元首,他会见东道主普京时的一句家常话,"邻居办喜事我专程来贺喜",让普京大有面子。在诸如此类的讲话中,习近平主席以心换心,真诚与人相交往,赢得了国际友人的赞叹,也扩大了自己的朋友圈。

1999 年 4 月 6 日时任国务院总理朱镕基访美,当天晚上,南加州的华人华侨在环球影城的希尔顿酒店盛宴欢迎朱镕基一行访问美国。宽敞明亮的宴会厅里满满地摆放了七八十张铺着大红桌布的大圆桌,显得格外喜气洋洋。席间,旅美中国艺术家表演了民乐合奏、弦乐四重奏、京剧清唱和男女声二重唱等节目。"花好月圆""情深谊长""我的祖国"等充满思乡之情的曲调歌词,深深打动了朱镕基一行和在场的每个华人华侨。尤其当洛杉矶希望中文小学的小朋友们手持红花红绸活泼可爱地跑上舞台,伴着欢快的乐曲跳起儿童舞蹈欢迎祖国亲人,亮出衣服背后红色大字:"南加州华侨欢迎朱爷爷"的时候,会场气氛达到了沸点。孩子们的一声声祝福,让朱总理情不自禁,热泪夺眶而出。

朱镕基走到话筒前,语音哽咽地开始了他的即席演讲。他说:"各位的深情厚谊使我非常感动,特别是小朋友天真无邪的表演,我已经流了眼泪,说不出话来了。"全场寂静,看到朱镕基泪光闪烁,侨胞无不为之动容。朱镕基说,此次访美好像时机不好,我一来,洛杉矶就下雨。后来洛杉矶的朋友告诉我,这里气候干燥,下雨是好事,雨水为大家带来财气。我们到美国是来给华侨们打气的。"我们非常尊敬、非常爱护各位海外侨胞以及港澳同胞、台湾同胞。希望你们常回家看看。不过……"总理话锋一转,不忘幽了美国一默:"回来之前,请你们检查一下自己的笔记本,不要造成什么误会。"

第六章　领导干部改进文风的着力点

　　改文风不是一场轰轰烈烈的运动，不是说来就来、说走就走的表面文章，不是发发文件、做做样子的形式主义。改文风是我们党历来坚持的政治主张和传统。文风归根到底，是人们世界观、人生观、价值观的问题。文风不正是由多种原因造成的。克服"长、假、空"的不良文风、提倡"短、实、新"的优良文风，真正使讲短话、讲实话、讲新话蔚然成风，需要多管齐下，标本兼治。

一、加强学习，增强党性修养

　　文风问题上下都有，但文风改不改，领导是关键。从领导干部自身来说，文风不正是由诸

多原因造成的,比如领导干部的知识经验不够,功底能力达不到;有的
干部思想懒惰,不愿意深入调查和独立思考,只会照搬照抄;有的干部
不负责,别人写什么就念什么,写多长就念多长;有的领导干部认为讲
大话、空话、套话、歌功颂德的话最保险,不会犯错误等。这些情况都与
领导干部的素质能力密切相关。正所谓,文如其人。作文与做人,与人
的素质是紧密联系的。领导干部改进文风,需要在两个方面努力:一是
加强学习;二是增强党性修养。也就是说,领导干部既要学习理论、掌
握新知、认知真理、探索规律,提高改造客观世界的能力,又要加强党性
锻炼,提高自身修养,改造主观世界。

(一)领导干部需加强学习

学习知识,可以改变一个人的命运,也可以改变一个民族、一个国
家的命运。古今中外,传承知识、创新知识、学习知识、运用知识,始终
与历史进步相伴、与社会发展共存,是人类提高自己的重要阶梯,是国
家发展兴盛的重要基础。

1. 为什么学习

(1)我们党历来具有重视学习、善于学习的优良传统

我们党历来是一个重视学习、善于学习的政党。毛泽东同志、邓小
平同志都非常重视全党特别是各级领导干部的学习,反复加以强调,并
发表过许多关于加强学习的重要论述。1941 年,为了夺取抗日战争的
胜利和加强党的团结,毛泽东同志发表了《改造我们的学习》的讲话,
提出了改造全党学习方法和学习制度的任务,要求全党加强对马克思
主义的学习,注重研究现状和历史,注重马克思列宁主义的应用。1949
年全国解放前夕,毛泽东又一次发出加强学习的号召。他要求军队干
部应当全体学会接收城市和管理城市,善于领导工人和组织工会,善于
动员和组织青年,善于团结和训练新区的干部,善于管理工业和商业,
善于管理学校、报纸、通讯社和广播电台,善于处理外交事务,善于处理
各民主党派、人民团体的问题,善于调剂城市和乡村的关系,解决粮食、

煤炭和其他必需品的问题,善于处理金融和财政问题。① 改革开放之初,邓小平同志在著名讲话《解放思想,实事求是,团结一致向前看》中就指出,实现现代化是一场深刻的伟大的革命,全党同志一定要善于学习,善于重新学习。我们事业的发展,同全党的学习状况是密切相关的。江泽民同志一再强调,领导干部要讲学习、讲政治、讲正气。这"三讲"中,讲学习是放在第一位的,可见讲学习是重要前提和基础。只有把学习搞好了,掌握的理论知识和科学文化知识多了,政治认识和精神境界提高了,讲政治才能讲得起来,正气才能树立和发扬起来,好的学风、文风、党风才能树立起来。习近平总书记多次强调领导干部要加强学习,要求领导干部要认认真真学习,老老实实做人,干干净净干事,要爱读书读好书善读书,要重视学习马克思主义经典著作,要深入学习贯彻习近平新时代中国特色社会主义思想,努力掌握贯穿其中的马克思主义立场观点方法。

(2)领导干部加强学习具有很强的必要性和重要性

高度重视学习、善于重视学习,是我们党的优良传统和政治优势,是我们党保持和发展先进性、始终走在时代前列的重要保障,也是领导干部健康成长、提高素质、增强本领、不断进步的重要途径。特别是在当今国际国内形势不断发展变化的情况下,领导干部只有认认真真地学习、与时俱进地学习、持之以恒地学习,才能始终跟上时代进步的潮流,才能担当起领导重任。

领导干部加强学习有利于补充和丰富知识。领导干部肩负领导责任,知识水平如何直接影响工作水平、领导水平和思想政治水平。对于领导干部来说,学习不只是个人的问题,也不是一般性的问题,而是关系到党和国家工作的推进、社会主义现代化事业的发展和党的执政地位的巩固问题。当今时代,知识增长、更新速度日益加快,新知识新事物层出不穷。面对这种情况,领导干部如果不加强学习,不加强理论武

---

① 《毛泽东选集》第四卷,人民出版社1991年版,第1405—1406页。

装,就可能跟不上形势发展的需要,最终会落伍会被时代淘汰。

领导干部加强学习有利于总结和自我提高。善于对思想和工作情况进行总结,对于一个领导干部的进步和提高具有非常重要的作用。在学习中总结,通过总结认识到自己的不足,从中吸取教训、引以为戒。在工作中的经验是财富,工作中的教训也是财富,关键在于领导干部能否善于总结经验和教训。在学习过程中,回顾和总结自己以往的工作和生活,从中汲取经验与教训,坚持真理、修正错误,使自己的认识和工作立于新的起点,以利于实现新的提高。

领导干部加强学习有利于改进学风和文风。领导干部加强学习,在学习中端正态度,克服主观主义的态度,树立马克思主义的态度,进而有利于形成良好的学风和文风。在学习中体会实事求是的态度。学会一切从实际出发,做任何事情不是凭主观想象,不是凭一时的热情,不是凭死的书本,而是凭客观实在,详细地占有材料,在马克思列宁主义的指导下,从大量的材料中引出正确的结论。这种实事求是的态度,也是理论和实际相统一的马克思主义学风,对于领导干部树立良好的学风文风有着非常重要的作用。

2. 学习什么

领导干部要学习哪些内容呢?总体而言,应该学习党的基本理论,掌握马克思主义立场观点方法,以此作为政治上的望远镜和显微镜;学习新知识,了解新事物,不断拓宽视野,提高自己的综合素质;学习古人语言中有生命力的东西,充分合理地继承和运用;除此之外,还要学会自己写文章。

(1)加强理论学习

深入学习习近平新时代中国特色社会主义思想,使认认真真学习成为不断增强政治上坚定、理论上清醒的过程。这一思想是当代中国马克思主义、二十一世纪马克思主义,是中华文化和中国精神的时代精华,是我们党最可宝贵的政治和精神财富,也是领导干部做好工作的强大思想武器。各级领导干部要带头学习和运用习近平新时代中国特色社会主义思想,学深悟透,努力掌握贯穿其中的马克思主义立场、观点、方法,做到真学、真懂、真信、真用。坚持用习近平新时代中国特色社会主义思想武装头脑、指导实践、推动工作,必须在全面学习、全面把握、全面落实上下功夫,不断增进政治认同、思想认同、理论认同、情感认同,切实做到学思用贯通、知信行统一。

(2)学好专业知识

要全面学习做好本职工作必需的知识,使认认真真学习成为培养世界眼光、增强战略思维能力、提高综合素质的过程。当今时代正步入知识经济时代,各种新知识新情况新事物层出不穷,只有经常不断地抓紧学习、坚持不懈地终身学习,才能够使用一辈子,这也就是人们常说的学到老、活到老。因此,领导干部在学习马克思主义理论的同时,还要学习经济、法律、科技、文化、国际等方面的知识,特别是要学习掌握好领导工作、履行岗位职责所必需的各种专业知识,从而使自己真正成为专业的懂行的领导干部。

(3)从重大现实问题中学习

这就要求把研究和解决重大现实问题作为学习的根本出发点,使认认真真学习成为理论联系实际、学以致用,不断提高工作原则性、系统性、预见性和创造性的过程。学习的目的在于运用,学习的成效在于解决问题。领导干部要结合改革开放和现代化建设的实际进行学习思考,同时也要紧密结合自己的工作实际,深入思考和研究一些带有普遍性和共同性的问题。领导干部要把学习的着眼点聚集在研究和解决突出的社会矛盾和问题上来,善于发现问题、敢于正视问题,以新的理念、新的方法、新的思路寻求解决矛盾和问题的具体方法和可行方案。

3.怎样在学习中树立良好的文风

领导干部加强学习,在学习中树立良好的学风文风是当务之急。

(1)坚持以研究中国的实际问题为中心

学习不应该仅仅是经院式、象牙塔式的,而是要与实践结合,做到有的放矢,学以致用。毛泽东同志曾要求全党确立以研究中国革命实际问题为中心、以马克思列宁主义基本原则为指导的方针,废止静止地孤立地研究马克思列宁主义的方法。这是我们党的领导干部搞好学习必须始终坚持的基本准则。在实际工作中,领导干部加强学习,要以我国改革开放和社会主义现代化建设的实际问题、以我们正在进行的全面深化改革的事业为中心,着眼于马克思主义在中国的具体运用,着眼于对重大现实和理论问题的理论思考,着眼于新的实践和新的发展。

(2)坚持理论联系实际

理论联系实际是我们党的三大优良作风之一。在新的历史时期,坚持理论联系实际,就是要紧密结合改革、建设、发展的具体实际,通过加强理论学习提高自己的理论素养,然后更好地去实践,在实践中进一步丰富和发展理论认识。领导干部不仅仅要向书本学习,而且要向实践学习,坚持书本学习与实践学习的紧密联系。纵观党的历史,我们党在领导人民进行革命、建设、改革的历史过程中,成功地将马克思主义、毛泽东思想、邓小平理论运用于社会实践,可以说一部党的历史就是一部蕴含和体现马克思列宁主义、毛泽东思想、邓小平理论的活生生的教科书。当然在长期的实践中,我们也有过教训,也付出过沉痛的代价。这就需要我们时刻牢记经验教训。要知道,一个政党,一个民族,必须要善于理论联系实际,善于从发展过程中总结正反两方面的经验。领导干部,特别是年轻领导干部,更需要勇于在实践中接受考验和锻炼,只有这样才能更好地增长才干。

(3)坚持在改造客观世界的同时努力改造我们的主观世界

改造客观世界和改造主观世界,始终是中国共产党人的两项重要任务,而且这两项任务是统一的。在改造客观世界的进程中,我们的主观世界可以得到磨炼和提高。改造主观世界,时刻不能放松。改造主观世界,关键是要牢固地树立正确的世界观、人生观、价值观,牢固树立马克思主义信仰、社会主义和共产主义理想信念,从而坚定为党和人民的事业不懈奋斗信念。在经受改革开放和市场经济的强烈冲击下,一些领导干部经受不住权力、金钱、美色等的诱惑,思想上放松了警惕,理想信念发生了动摇,进而陷入了违法犯罪的深渊。其中重要的原因,就是世界观的"总开关"没有把握好,放松了对自己主观世界的改造。通过勤于学习,善于学习,我们不仅可以把思想认识和行动建立在科学的基础之上,还可以不断提高道德情操和精神境界。我们不断地改造主观世界,就是要使全党保持一种坚忍不拔、奋发有为的良好精神状态。

(4)坚持学习一般知识和学习专门知识的统一

改革开放和社会主义现代化建设事业是一个宏伟而复杂的系统工程,它涉及各个方面的工作,而且要求各项工作之间相互协调、相互配合。领导干部在一个地区或部门担任领导职务,特别是党政一把手,需要掌握多方面的基本知识,具有综合分析能力,这样才能更好地观察和把握工作的全局。把握好全局,才有明确方向。把握好全局,就需要领导干部不断扩大自己的知识面,增强全局观念和工作上的全面性、系统性。另一方面,各级领导干部还需要成为本部门本职工作的行家里手。当今随着经济全球化和市场经济的深入发展,分工越来越细,不论什么工作,没有一定的专业知识是不能胜任的。对于领导干部工作,也是如此,领导干部也必须具有一定的专业知识。加强领导干部的专业化素质和能力,是今后领导干部队伍建设的一项重要工作。

(二)领导干部需增强党性修养

什么是党性修养?回答这个问题,必须谈到刘少奇和他的《论共产党员的修养》。1937年7月刘少奇在延安马列学院对学员的一次演讲中第一次提出"共产党员的修养"这个概念,讲述了共产党员修养的必要性以及修养的内容和途径,受到学员们的热烈欢迎,后来印成小册子出版,新中国成立后又再版,这就是著名的《论修养》。刘少奇的这部《论修养》哺育、培养了一代又一代共产党人,为共产党员始终保持先进性和纯洁性提供了重要的理论指导。刘少奇讲的"共产党员的修养",实际上就是共产党员的自我锻炼和改造。具体而言,共产党员的党性修养,就是指共产党员在政治、思想、道德品质和知识技能方面,按照党性原则进行的自我教育、自我锻炼、自我改造和自我完善,是党性不断升华的过程。我们党一贯重视加强共产党员的党性修养,毛泽东曾提出著名的思想建党的论断。加强党性修养,使我们始终保持先进性和政治本色;而要保持共产党员的先进性和政治本色,就要求共产党员不断加强党性修养。

党的十八大报告强调:"全党要增强紧迫感和责任感,牢牢把握党的执政能力建设、先进性建设和纯洁性建设这条主线,坚持解放思想、改革创新,坚持党要管党、从严治党,全面加强党的思想建设、组织建设、反腐倡廉建设、制度建设,增强自我净化、自我完善、自我革新、自我提高能力,建设学习型、服务型、创新型的马克思主义执政党,确保党始终成为中国特色社会主义事业的坚强领导核心。"这是由共产党的性质决定的。党的二十大报告也指出,党的自我革命永远在路上,必须持之以恒推进全面从严治党。每一个共产党员都应当具备不同于普通群众的党性觉悟。共产党员的党性觉悟不是与生俱来的,而是后天经过长期的党性修养的结果。不断加强党性修养,是我们党始终走在时代前列的成功经验和优良传统。新的时代、新的任务、新的历史方位、世情国情党情的变化,对党的建设,加强共产党员的党性修养,发出了新的时代呼唤。新时代共产党员应该怎样加强党性修养?我们认为需要从如下几个方面着手:

(1)真正把党章作为加强党性修养的根本标准

《中国共产党章程》是党的总章程,集中体现党的性质和宗旨、党的理论和路线、方针、政策、党的重要主张,规定党的重要制度和体制机制,是全党必须共同遵守的根本行为规范。习近平总书记在《认真学习党章　严格遵守党章》一文中指出:"全党要牢固树立党章意识,真正把党章作为加强党性修养的根本标准,作为指导党的工作、党内活动、党的建设的根本依据,把党章各项规定落实到行动上、落实到各项事业中。"党章为新时代加强共产党员的党性修养提出了更高的标准,指明了更切实有效的途径,开辟了更广阔的天地。共产党员一定要按照党章的要求,增强党章意识,大力增强党性锻炼,加强党性修养。

(2)理论修养是领导干部的基本功

领导干部党性修养的首要方面就是认真学习理论,主要是坚持马克思列宁主义、毛泽东思想、邓小平理论、"三个代表"重要思想、科学发展观,全面学习贯彻习近平新时代中国特色社会主义思想,不断提高自身的理论水平。习近平同志在中央党校2012年秋季学习开学典礼上的讲话中指出:"领导干部无论在党校学习还是在平时工作中学习,都要高度重视理论学习,自觉提高政治水平和理论水平。理论修养是干部综合素质的核心,理论上的成熟是政治上成熟的基础。可以这样说,学习和掌握理论的深度,直接影响甚至决定着一个领导干部的政治敏感程度、思维视野广度和思想境界高度。各级领导干部要进一步提高对学习理论重要性的认识,坚持不懈地学习党的基本理论,努力掌握马克思主义立场、观点、方法,增强坚持中国特色社会主义道路、理论体系、制度的自觉性坚定性。"①

(3)理想信念是共产党人精神上的"钙"

党性修养很重要的一条,就是要树立坚定的理想信念。习近平同志在《领导干部要认认真真学习　老老实实做人　干干净净做事》一文中指出:"领导干部加强修养、提升境界,不是一蹴而就的,也不是一劳永逸的,需要坚持不懈持续努力……崇高的理想、坚定的信念,是共产党人的立身之本,是领导干部抵御一切诱惑的决定性因素。领导干部一旦动摇和丧失了正确的理想信念,就会导致政治上的变质、经济上的贪婪、道德上的堕落、生活上的腐化。许多腐败分子堕落,首先是理想信念出了问题,不信马列信鬼神,不讲公德图私利。因此,各级领导干部要牢固树立信仰意识,始终保持理想信念的坚定。"为实现共产主义奋斗是人类最伟大的志向,是共产党员的神圣使命。新形势下,共产党员要排除一切对共产主义的疑问,抛弃一切对共产主义的干扰,坚定

---

① 《十七大以来重要文献选编》下,中央文献出版社2013年版,第827页。

共产主义的信念,同时坚持最高纲领和最低纲领的统一,既要用共产主义远大理想做精神支柱,又要为全面建设社会主义现代化国家,实现中华民族伟大复兴的中国梦作出实际贡献。

(4)把加强道德修养作为人生必修课

毛泽东曾尖锐地指出:"有许多党员,在组织上入了党,思想上并没有完全入党,甚至完全没有入党。这种思想上没有入党的人,头脑里还装着许多剥削阶级的肮脏东西,根本不知道什么是无产阶级思想,什么是共产主义,什么是党。"①共产党员进行思想修养与锻炼的实质,就是要用无产阶级世界观来改造自己头脑中的非无产阶级世界观。2014年5月9—10日,习近平总书记在河南考察工作时指出:面对纷繁复杂的社会现实,党员干部特别是领导干部务必把加强道德修养作为十分重要的人生必修课,自觉从中华优秀传统文化中汲取营养,老老实实向人民群众学习,时时处处见贤思齐,以严格标准加强自律、接受他律,努力以道德的力量去赢得人心、赢得事业成就。思想道德修养与锻炼,是一个共产党员增强党性的长期任务,必须自始至终地坚持下去。

(5)永葆共产党人清正廉洁的政治本色

毛泽东同志在党的七大报告里,提出了理论联系实际、密切联系群众、批评与自我批评的三大优良作风。延安整风运动时,毛泽东作了《改造我们的学习》、《整顿我们的作风》等报告。在报告中,毛泽东提出整顿三风:一是整顿学风,反对主观主义;二是整顿党风,反对宗派主义;三是整顿文风,反对党八股。邓小平强调,要加强党的领导,反对派性,把毛泽东同志树立的优良作风发扬起来。江泽民同志强调,党的作风问题,也是党的形象问题,作风不正,形象好不了,必然脱离群众、脱离实际。形式主义和官僚主义作风,是我们党的一大祸害。全党上下,全国上下,必须狠刹形式主义、官僚主义歪风。各级领导干部必须时时处处坚持重实际、说实话、务实事、求实效,必须大力发扬脚踏实地、埋

---

① 《毛泽东选集》第三卷,人民出版社1991年版,第875页。

头苦干的工作作风。胡锦涛同志指出:"党的作风体现着党的宗旨,关系党的形象,关系人心向背,关系党和国家的生死存亡。各级领导干部是党和国家的骨干力量,其作风如何,对党和国家事业发展有着极为重要的影响。"由此可见,我们党对加强领导干部作风建设的高度重视。一般而言,一个人有什么内在的个性,就有什么外在的作风。党员的作风修养与锻炼,说到底是党员党性修养与锻炼的综合反映。我们党历来重视优良作风,反复强调"两个务必",弘扬实事求是精神,切实贯彻落实党的十八大后中央八项规定精神,坚决反对"四风",进而树立共产党员的良好形象。习近平同志对于优良作风提出明确的要求:"作为党的领导干部,一定要以正确的世界观立身、以正确的权力观用权、以正确的事业观做事,带头遵守廉洁自律各项规定,以淡泊之心对待个人名利和权位,以敬畏之心对待肩负的职责和人民的事业,任何情况下都要稳住心神、管住行为、守住清白,做到一尘不染、一身正气,始终保持共产党人的高尚品格和清廉形象。有些领导干部所以走向违纪违法、腐化堕落的深渊,从根本上讲是世界观、人生观这个'总开关'出了问题,丧失了拒腐防变的能力。这些前车之鉴,每个领导干部都要引以为戒。"

(6)严明党的纪律,加强组织纪律修养

共产党是工人阶级有组织的部队。组织性是党性的重要内容,是党性的物质基础。列宁指出:"无产阶级在争取政权的斗争中,除了组织,没有别的武器……它所以能够成为而且必然会成为不可战胜的力量,就是因为它根据马克思主义原则形成的思想一直是用组织的物质统一来巩固的。"这就是民主集中制原则,它体现了无产阶级政党的性质、使命和组织统一的要求,是无产阶级手中强大的组织武器。坚持党的民主集中制原则,对于我们执政党的建设极为重要,是我们每个共产党员行动的基本准则。加强党的组织修养与锻炼,最重要的就是要坚决地、不折不扣地贯彻执行党的民主集中制。另外,还要非常重视严明党的纪律。严明党的纪律首先要严明政治纪律。各级领导干部要增强纪律意识,切实把党的政治纪律、组织纪律、经济工作纪律、群众工作纪律和廉洁纪律的规定转化为自己的行为规范。尤其要严格遵守党的政治纪律,提高政治敏锐性和政治鉴别力,在思想上政治上行动上自觉同党中央保持高度一致。

二、改进文风同改进干部工作作风结合起来

改进工作作风是领导干部经过加强学习、增强党性修养所必然会达到的效果,领导干部树立起良好的做人的风格以后,就会在工作中真诚、热情、友善、富有爱心,有了这种为官从政的准则以及为人处世的基本态度,必然会有助于改进工作作风,形成领导干部良好的工作作风。因此,把改进文风同改进工作作风结合起来,尤其是要强调调查研究、深入了解群众呼声。

(一)文风与工作作风的关系

文风与工作作风是紧密联系的。文风折射工作作风,有什么样的工作作风决定了有什么样的文风。文风不实,反映出领导干部的思想作风不纯、工作作风不实。透过文风,特别是领导干部讲话、报告、会议文件等材料的文风,我们不仅能看出领导干部的文化素养,更能看出他们的工作作风、事业心、责任感和真本事,还能看出他们对人民群众的态度和情感。①

在很长一段时间,机关部门的领导干部基本上自己不写讲话稿,实际上是秘书或秘书部门来代笔,这种现象已是司空见惯。不论是大型会议的重要报告,还是小型座谈会、见面会的主持词和发言稿,都事先由秘书或秘书部门撰写好稿子,届时领导"照本宣科",可以说是走到哪里就把稿子带到哪里。不少领导干部对讲话稿和报告的长度提出要求,自以为是地认为讲话稿、报告要有足够的"分量",少则数千,多则

---

① 参见致远:《从文风看政风》,《中国人大》2010 年第 10 期。

数万,以体现"领导水平"。① 更有甚者,领导干部的讲话稿出现抄袭或雷同现象。2009 年网友曝出河南省开封、漯河消防支队的两篇讲话稿的内容极其相似,所不同的是漯河政法委书记换成了开封市副市长,而开封市副市长的讲话中竟还有"构建和谐平安漯河"的字眼,被网友戏称为"开封指导漯河工作"。这些令人啼笑皆非的现象,表面上看是领导干部的文风问题,实质上是作风问题,这就使得人民群众对一些领导干部作风颇有意见。

作为党的领导干部,每一个干部都承担着党与群众、政府与公众的沟通联系任务。这种沟通联系就体现在领导干部的工作作风和风格上。也就是说,领导干部的工作作风是平实的、质朴的、想人民之所想,急人民之所急,为人民谋幸福,那么他的文章风格自然是为群众所喜闻乐见的、能被群众看得懂听得懂的并且是令群众所心服口服的。在一定程度上,领导干部的工作作风决定了其文风。但这并不是说,有了好的工作作风,就自然会形成好的文风。良好文风的需要在加强学习中得以形成,而良好的工作作风可以为良好的学风奠定坚实的基础。良好的工作作风,也需要不断改进文风学习向群众学习、向社会学习、向所有有利于事业发展的人学习。总之,良好的文风是领导干部良好工作作风的基础,良好的文风体现着良好的工作作风。

(二)加强调查研究

没有调查就没有发言权。领导干部写文件、作报告、发表文章,都是以解决工作中的问题为最终目的。如何改进领导干部的文风? 如何获取鲜活的第一手资料? 只能从调查研究中来,从群众的实践和创造中寻找答案。胸有成竹才能出口成章,找准症结才能对症下药,源于实践才能指导实践。领导干部改进文风,应当走出机关,深入基层,在实际生活中"望闻问切",在充分占有和分析第一手材料的基础上概括出新思

---

① 参见朱方洲:《莫使机关文风影响政风》,《秘书工作》1998 年第 8 期。

想、新观点、新论断、新举措,把群众的创造吸收到文件、讲话、文章中来,使我们的思想和文字体现时代要求,符合实际情况,能够解决问题。

1. 掌握和运用正确的调查研究方法

重视调查研究,是我们党在革命、建设、改革各个历史时期做好领导工作的重要传家宝。马克思主义的辩证唯物主义、历史唯物主义世界观和方法论,党的实事求是的思想路线,党的从群众中来、到群众中去的根本工作路线,都要求我们的领导工作和领导干部必须坚持和不断加强调查研究。

(1)深入实际、深入基层、深入群众,多层次、多方位、多渠道地调查

毛泽东不仅在理论上强调了调查研究的重要性,而且还亲自实践调查研究。他一生中作了大量调查,他曾经用 32 天的时间,考察了湖南五个县城的情况,撰写了《湖南农民运动考察报告》;1930 年 5 月毛泽东利用红四军分散在安远、寻乌、平远发动群众的机会,在寻乌接连召开了 10 多天的座谈会,进行社会调查,这就是毛泽东著名的寻乌调查。毛泽东在总结自己多年调查研究活动之后写出了《调查工作》一文,提出了"没有调查,没有发言权"这个科学论断,成为中国共产党人实践的信条。据在毛泽东身边做拍摄工作的舒世俊回忆说,有一次到下面调查,毛泽东严肃地对干部说:"县太爷要为民办事,不能当官做老爷,不深入下层,只坐在家里听汇报,象牙塔里的干部是不了解民情的。"调查研究,就是调查清楚事情的真相和全貌,准确把握事物的本质和规律。这就需要深入实际、深入基层、深入群众,多层次、多方位、多渠道地调查了解情况。既要调查机关,又要调查基层;既要调查干部,又要调查群众;既要解剖典型,又要了解全局;既要到工作局面好和先进的地方总结经验,又要到困难较多、情况复杂、矛盾尖锐的地方研究问题。基层、群众、重要典型和困难的地方,应成为调研重点,要花更多时间去了解和研究。只有这样去调查研究,才能获得办公室难以听到、不易看到和意想不到的新情况,找出解决问题的新视角、新思路和新对策。

（2）调查研究方法也要与时俱进

毛泽东搞调查研究一直坚持"调查要亲自出马"的理念。在实际调查过程中，毛泽东指出："要放下臭架子，甘当小学生""要深入到社会实践中去""要注意平时工作生活实践中的调查""拼着精力把一个地方研究透彻"。在调查方法上，毛泽东主张用开调查会、登门拜访、直接观察等方法。比如，在寻乌调查时，毛泽东亲自到寻乌农村，同农民一边干活，一边调查，广泛了解各行各业群众的生活和思想。陈云提出"不唯上、不唯书、只唯实，交换、比较、反复"，这就是著名的十五字诀。陈云指出，搞调查研究有两种方法：一种是亲自率工作组或派工作组下乡、下厂；另一种是每个高中级领导干部都有敢讲真话的知心朋友和身边工作人员，通过他们可以经常听到基层干部、群众的呼声。1961年6、7月间，陈云在上海青浦县小蒸公社搞调查，住了半个月，展开对当地养猪事业的调查，最后得出正确的结论，允许大部分母猪下放给农民私养。

当前，调查研究方法需要与时俱进。我们党在长期实践中形成了有效调查方法，然而同时，我们还需要适应新形势新情况特别是当今社会信息网络化的特点，进一步拓展渠道、丰富调研手段、创新调研方式，学习、掌握和运用现代科学技术的调研方法，如问卷调查法、统计调查法、抽样调查法、专家调查法、网络调查法等，并逐渐将现代信息技术引入调查研究领域，进一步提高调查研究的效率和科学性。

2. 建立和完善调查研究经常化制度

（1）先调查后决策

坚持和完善先调研后决策的重要决策调研论证制度。"领导机关制定政策，要用百分之九十以上的时间作调查研究工作，最后讨论作决定用不到百分之十的时间就够了"。这是陈云做调查研究工作的一个重要原则。他每解决一个重要的财政经济问题，每作出一个重大的经济决策，事前都有一个深入细致的调查研究过程。抗日战争在延安、解放战争在东北时，陈云就已经养成了调查研究的方法。陈云担任中共北满分局书记,绝大部分时间用在调查研究上,摸清情况之后,再深思熟虑进行决策。他回忆说:"不忙于决定对策,而首先了解情况,这才不是本末倒置。""我认为我们做工作,应当把百分之九十九的力量用在了解情况上,情况了解清楚了,就可以正确地决定对策。"新中国成立后,陈云对调查研究与决策的关系有了更深刻的认识。他向商业工作者提出调查研究的任务:"我们做工作,要用百分之九十以上的时间研究情况,用不到百分之十的时间决定政策。所有正确的政策,都是根据对实际情况的科学分析而来的。"他还指出:"重要的是要把实际看完全,把情况弄清楚,其次是决定政策,解决问题。难者在弄清情况,不在决定政策。只要弄清了情况,不难决定政策。我们应该用百分之九十以上的时间去弄清情况,用不到百分之十的时间来决定政策。"①

根据决策学的基本原理,决策是一个提出问题、分析问题、解决问题的过程。在实际工作中,为了防止和克服决策中的随意性及其造成的失误,提高决策的科学化水平,必须要将调查研究贯穿于决策的全过程,真正成为决策的必经程序。特别是涉及群众切身利益的重要政策措施的出台,要采取听证会、论证会等形式,广泛听取群众意见。还要在建立、完善落实重大项目、重大决策风险评估机制上取得实质性进展,使得我们的各项工作真正赢得群众的理解和支持,从源头上预防矛盾纠纷的发生。

(2)领导干部带头调查研究

坚持和完善领导机关、领导干部的调研工作制度。这就要求领导干部带头调查研究,要拿出一定的时间深入基层,特别是主要负责人要亲自主持重大课题的调查研究,拿出对工作全局有重要指导作用的调研报告。20世纪60年代初,为了度过当时国民经济的严重困难,全党同志就当时一些重大问题同时开展调研,尤其是各级领导机关的主要负责人都参与了调研,结果很快就形成了解决一系列重大经济社会问

---

① 史为磊:《论陈云调查研究思想》,《沈阳干部学刊》2012年第6期。

题的正确决策,使得困难局面迅速得到扭转。这次大规模调查研究,为我们今后的调查研究工作留下了宝贵的经验。1961 年,刘少奇同志来到湖南某地调查。他谢绝了当地领导的安排,自己住在一个养猪的饲料房里。在调查中,刘少奇同志为了能够看到真实情况,他常常采用突击式的方式,闯到社员家,看农民吃什么。当他看到身患水肿病的社员艰难地吞咽代食品时,他的眼睛湿润了。他语调低沉地说:"我对不起你们,对不起大家,搞得大家没饭吃。"经过脚踏实地的调研,刘少奇同志掌握了大量的真实情况。作为国家主席下去搞调查,他完全可以住在宾馆里,完全可以把当地干部找来听听汇报。但是他没这么做。他带头深入群众,实地调查,为的就是能够得到真实的情况。邓小平同志非常重视并主动带头进行调查研究。邓小平曾指出:"我们办事情,做工作,必须深入调查研究,联系本单位的实际解决问题。"①为了联系实际深入调研,邓小平不顾七八十岁的高龄,走遍祖国大江南北,著名的"南方谈话"就是邓小平调查研究的成果。

　　2023 年 3 月,中共中央办公厅印发的《关于在全党大兴调查研究的工作方案》要求:"在全党大兴调查研究,要坚持以习近平新时代中国特色社会主义思想为指导,全面贯彻落实党的二十大精神,紧紧围绕党的理论和路线方针政策、党中央重大决策部署的贯彻执行,大力弘扬党的光荣传统和优良作风,突出问题导向和目标导向,促进广大党员、干部特别是领导干部带头深入调查研究,不断深化对党的创新理论的认识和把握,善于运用党的创新理论研究新情况、解决新问题、总结新经验、探索新规律,扑下身子干实事、谋实招、求实效,使调查研究工作同中心工作和决策需要紧密结合起来,更好为科学决策服务,为提高党的执政能力和领导水平服务,为完成新时代新征程的使命任务服务。"这是对领导干部带头调研提出的明确要求,各级领导干部应按照这一要求认真执行。

_____

① 《邓小平文选》第二卷,人民出版社 1994 年版,第 123 页。

（三）深入了解群众呼声

改进文风，必须从思想和感情深处把人民群众当主人、当先生，必须"从群众中来、到群众中去，广泛听取群众意见"。群众的思想最鲜活、语言最生动。只有深入群众，了解群众，虚心向群众学习智慧和语言，我们的文件、讲话、文章才能够做到有的放矢，体现群众的意愿，让群众愿意看、看得懂，愿意听、听得进。[①]

1. 让群众愿意看、看得懂

领导干部写出的文章既要让广大群众愿意看，看得懂其中道理，还要使文章符合群众的切身利益。早在 1945 年 12 月 24 日，毛泽东在《论联合政府》中就写道："应该使每个同志明了，共产党人的一切言论行动，必须合乎最广大人民群众的最大利益，为最广大人民群众所拥护为最高标准。"[②]以习近平同志为核心的党中央非常亲民，表现出强烈的群众情怀，心里装着人民群众，关心群众冷暖安危，切实为群众谋福利。

（1）让群众看到实际利益

毛泽东同志总能站在人民群众立场上想事，写人民群众最关心的事，从不向群众说谎，而且他提出的口号非常巧妙地紧密贴近群众眼前的利益。比如，1922 年 9 月安源铁路工人罢工，根据毛泽东的意见，大罢工提出了"从前是牛马，现在要做人"的口号。经过 5 天的激烈斗争，工人俱乐部"未伤一人，未败一事，而行到安全胜利"。1937 年卢沟桥事变，毛泽东和党中央立即作出判断：中华民族已处于生死存亡的关键时刻，只有全民族团结抗战，才是中国生存和发展的唯一出路，必须立刻旗帜鲜明地喊出这个口号。这个口号成了全国人民一致行动的具体目标。1947 年 10 月 10 日，毛泽东起草了《中国人民解放军宣言》，第一次响亮地提出"打倒蒋介石，解放全中国"的口号，这个口号得到

---

① 参见《习近平党校十九讲》，中共中央党校出版社 2014 年版，第 204 页。
② 《毛泽东选集》第三卷，人民出版社 1991 年版，第 1096 页。

了人民的热烈拥护和响应,对整个解放战争取得胜利起到了重大的推动作用。

为人民服务是中国共产党的根本宗旨,是确保我们党永远立于不败之地的雄厚根基。习近平总书记恪守为人民服务的宗旨,坚持以人为本,尊重人民主体地位,注重发挥群众首创精神,强调保障和改善民生。我们党领导人民进行改革开放和全面建设社会主义现代化国家的根本目的,就是要通过发展生产力,不断提高人民物质文化生活水平,促进人的全面发展。检验我们一切工作的成效,最终都要看人民是否真正得到了实惠,人民生活是否真正得到了改善。在党的十八届一中全会上,习近平总书记指出,我们一定要坚持从维护最广大人民根本利益的高度,多谋民生之利,多解民生之忧,在学有所教、劳有所得、病有所医、老有所养、住有所居上持续取得进展。我们要坚持党的群众路线,时刻把群众的安危冷暖放在心上,及时准确了解群众所思、所忧、所急,把群众工作做实、做深、做细、做透。

习近平总书记把民生问题作为他平时到地方考察工作的重点内容。2012 年 12 月,习近平总书记广东之行,首站来到深圳。他来到罗湖区南湖街道渔民村社区,走进村民家里拉家常、说变化,他说:"看到你们生活过得好,我非常高兴!希望你们用勤劳的双手创造更幸福的生活。"2013 年 11 月 25 日,习近平总书记来到山东临沭县曹庄镇朱村,了解革命老区群众生产生活。他强调,生活一天比一天好,但我们不能忘记历史,不能忘记那些为新中国诞生而浴血奋战的烈士英雄,不能忘记为革命作出重大贡献的老区人民。习近平总书记叮嘱当地干部,让老区人民过上好日子,是我们党的庄严承诺。26 日下午,习近平总书记来到菏泽市调研,他强调,一个地区的发展,关键在于找准路子、突出特色。欠发达地区和发达地区一样,都要努力转变发展方式,着力提高发展质量和效益,不能"捡进篮子就是菜"。

(2)让群众看到实际希望

好文章群众愿意看,不是因为看着好玩,而是能从中看到现实的希望,也就是能够解决群众的实际问题,能够给群众带来实实在在的实惠。毛泽东善于教育引导群众为实现自己的利益而奋斗,把宏大目标化解为具体办法,给普通人切实可见的希望。土地革命战争时期,毛泽东提出"共产党是左手拿传单右手拿枪弹才可以打倒敌人的"的著名论断,并进一步强调,红军宣传工作的任务,就是扩大政治影响争取广大群众。另外,从毛泽东一系列的题词中,我们可以发现毛泽东总能抓住时代主题,使简短、具体的题词成为全党、全国的奋斗目标,有时也成为一种在全国上下提倡的良好作风。1942年3月8日,在《解放日报》发表"三八"国际妇女节的题词:"深入群众,不尚空谈";1945年9月2日,给中国民主同盟纪念册题词:"民主在望";1945年5月1日,为八路军第一二〇师第三五九旅第七一九团烈士碑题词:"热爱人民,真诚地为人民服务,鞠躬尽瘁,死而后已",等等。这些题词,激励了一代又一代人奋勇前进。

习近平总书记的讲话贴近实际,文风朴实,深入浅出。习近平总书记在十八届中央政治局常委会同中外记者见面时的讲话中指出:"我们的人民热爱生活,期盼有更好的教育、更稳定的工作、更满意的收入、更可靠的社会保障、更高水平的医疗卫生服务、更舒适的居住条件、更优美的环境,期盼孩子们能成长得更好、工作得更好、生活得更好。人民对美好生活的向往,就是我们的奋斗目标。"2012年12月,习近平总书记在河北阜平县考察时,看到老区一些乡亲们尚未摆脱贫困、生活还比较困难,他强调,只要有信心,黄土变成金。他叮嘱当地干部,大家要拧成一股绳,心往一处想,劲往一处使,汗往一处流,一定要想方设法尽快让乡亲们过上好日子。2013年2月,习近平总书记考察甘肃定西、临夏等地,来到东乡县高山乡时,他鼓励乡亲们发扬自立自强精神,找准发展路子,苦干实干,改善生产生活条件,早日改变贫困面貌。

2. 让群众愿意听、听得懂

习近平总书记的讲话、文章中讲的都是治国理政的大道理,但是群众愿意听、听得懂。这不是因为他善于迎合群众,而是他在讲大道理时,善于运用群众语言,善于讲述百姓熟悉的故事,善于使用群众熟悉的比喻。这是习近平总书记朴实文风的鲜明体现,也是其以人民为中心的发展思想在文风方面的具体体现。

(1)多用群众熟悉的语言

习近平总书记非常熟悉并善于运用群众语言。作家老舍曾说:"字没有高低贵贱之分,全看用得恰当与否","文字不怕朴实,朴实也会生动,也会有色彩。"历史和实践证明,群众语言是最朴实的,最深刻的,最简洁的。习近平总书记在各种讲话中使用了许多为干部群众所喜闻乐见的格言、成语、词汇,使得他的讲话、文字鲜活生动形象,具有感染力,许多话看似浅显,实际上蕴藏着深刻的道理。围绕加强作风建设,习近平总书记发表了一系列重要论述,这些论述都是为群众所喜闻乐见的话语。

"空谈误国,实干兴邦"。实现中华民族伟大复兴中国梦是一项光荣而艰巨的事业,需要一代又一代中国人共同为之努力。成功源于实干,祸患始于空谈。实干实践精神是中国共产党人的优良传统,注重落实是共产党人的政治本色。伟大的时代需要只争朝夕、真抓实干的行动者,苦干、实干才能实现中国梦。

"踏石留印,抓铁有痕"。作风建设具有顽固性和反弹性,常抓就会有好转,松懈就会强烈反弹。能否使各级领导干部的作风有一个深刻的转变,关键就要看有没有真抓实干的劲头。改进作风,就必须以踏石留印、抓铁有痕的魄力和勇气抓下去,进而建立起改进作风的长效机制,持之以恒、善始善终,保证给人民群众带来实实在在的成效。

"打铁还需自身硬"。中国特色社会主义伟大事业,是我们党所要打得十分坚硬的"铁",而"党的建设的伟大工程",是说作为打"铁"主体的中国共产党人要把"铁"打好,自身首先要"硬"。全面从严治党,讲的就是"把铁打好",要把坚硬的"铁"打好,就必须首先抓好加强和改进党的建设这一伟大工程,克服我们党自身的"软肋",使自身从精神、能力、作风、先进性等方面真正"硬"起来。①

"发扬钉钉子的精神"。钉钉子往往不是一锤子就能钉好的,而是要一锤一锤接着敲,才能把钉子钉实钉牢固。习近平总书记在指导河北省委常委班子专题民主生活会时强调:"发扬钉钉子的精神,切实把工作落到实处。"无论改作风还是干事业,都要瞄准目标,持之以恒。只有大力发扬钉钉子的精神,有了好的蓝图就一干到底,讲实效、出实招、办实事,才能够取得胜利的成果。

(2)多讲群众熟悉的故事

普通群众一般不喜欢听书本条条,而喜欢听身边发生的故事。用群众所熟悉的故事讲大道理,是很容易说服群众的。

毛泽东非常巧妙地运用讲故事的方法,使得其文章生动,让人有身临其境的感觉。1928年毛泽东在《湖南农民运动考察报告》"打倒土豪劣绅,一切权力归农会"中讲了这样的对话:"我出十块钱,请你们准我进农民协会。"小劣绅说。"嘻!谁要你的臭钱!"②农民这样回答。短短两行字,就把农会这个新事物描写得活灵活现。《湖南农民运动考察报告》是一部具有很强的理论性、实践性、斗争性的文章,而毛泽东则在文中运用了现场见闻式的"小事""小例子"。这正是毛泽东文风的可贵之处,值得我们很好地去学习、继承和发扬。③

习近平总书记善于在讲故事中阐明大道理,并经常赋予一些词语新的内涵。比如,"中国梦"汉语一词,最早出自宋朝诗人郑思肖《德祐二年岁旦》中的"一心中国梦,万古下泉诗",表达了作者一心梦想收复中原的愿望。2012年11月29日,习近平总书记在国家博物馆参观《复兴之路》展时赋予了中国梦以新的内涵,指出中国梦是近代以来中华民族最伟大的梦想。2014年1月14日,习近平总书记在十八届中央

---

① 参见韩庆祥:《思想的力量——新一届中央领导集体治国理政的基本思路》,中共中央党校出版社2014年版,第6页。

② 《毛泽东选集》第一卷,人民出版社1991年版,第14页。

③ 参见徐元鸿:《毛泽东文风》,中央文献出版社2013年版,第95—96页。

纪委三次全会上发表重要讲话,他用"猛药去疴、重典治乱"、"刮骨疗毒、壮士断腕"的典故来表示坚持党风廉政建设和反腐败斗争的勇气、决心与信心。2014年全国"两会"期间,习近平总书记参加了上海代表团的审议会,在会上,花蓓代表就认真贯彻中央八项规定精神、切实加强作风建设提出建议。习近平总书记在回应花蓓的讲话中,引用了"徙木立信"的典故,他指出要让中央八项规定起到"徙木立信"的作用,就是要让这庄严承诺如同准备变法的商鞅一样,令出必行,让群众看到决心,取得群众的信任。①

(3)多打群众熟悉的比喻

比喻,也就是打比方,即用群众明白的语言解释群众不熟悉的问题。这要求打比方的人拥有相关知识并了解熟悉群众的语言。

毛泽东可以称得上是中国共产党思想政治教育大师,他非常善于打比喻。1929年9月,毛泽东在湘赣边界发动秋收起义。起义失败,部队情绪低落。毛泽东在文家市里仁学校操场上向全体指战员宣布改变行动方向的决定。毛泽东满怀信心地讲道:"胜败乃兵家常事。我们当前力量还小……我们现在好比一块小石头,蒋介石反动派好比一口大缸,但总有一天,我们这块小石头,一定要打烂蒋介石那口大水缸!"毛泽东的"小石头打烂大水缸"的比喻,大大鼓舞了刚刚受到严重挫折的起义士兵的士气。1935年毛泽东在《反对本本主义》中批评了很多人的调查方法是错误的,并打比喻说,他们的"调查的结果就像挂了一篇狗肉账,像乡下人上街听了许多新奇故事,又像站在高山顶上观察人民城郭。这种调查用处不大,不能达到我们的主要目的"。②

习近平总书记善于运用比喻。在十八届中央政治局第一次集体学习时,习近平总书记把理想信念比喻为共产党人精神上的"钙"。他指出,没有理想信念,理想信念不坚定,精神上就会"缺钙",就会得"软骨病",

---

① 参见丁晓萍、汪雨申:《平易近人——习近平的语言力量》,上海交通大学出版社2014年版,第234—236页。

② 参见徐元鸿:《毛泽东文风》,中央文献出版社2013年版,第92—93页。

就可能导致政治上变质、精神上贪婪、道德上堕落、生活上腐化。将理想信念比作共产党人精神的"钙"拉近了"理想信念"这个抽象概念与我们每一个人的距离,加深了人们对坚定理想信念重要性的认识。习近平总书记将世界观、人生观、价值观比喻成"总开关"。他指出,一些干部出问题,无一不是首先在思想上出了问题,特别是理想信念上出了问题。坚定的理想信念,是共产党人经受住任何考验的精神支柱。理想信念的支柱一旦倾斜,思想的大厦就会坍塌。① 针对百姓对反腐败的担忧,习近平总书记提出"要坚持老虎、苍蝇一起打",表明了中国共产党查处腐败的坚定决心和鲜明态度。从立案审查周永康,依法处理薄熙来、徐才厚,到刘志军、蒋洁敏等省部级高官的落马,"老虎"纷纷现形,"苍蝇"级别的腐败分子也被大量查处。习近平总书记巧妙地借用"老虎""苍蝇"做比喻,形象而生动地阐明了党中央在惩治腐败问题上原则立场和政策措施,不仅起到了震慑作用,还深入民心。"围城""玻璃门""无形的墙"都是我们中国人非常熟悉的词语,习近平总书记用这三个词做比喻,指出党员干部,尤其是领导干部中存在的脱离基层、脱离群众的现象,强调要打破这种隔阂,真正做到联系群众。习近平总书记还用"接接地气,充充电"来说明深入基层,向群众学习的重要性,用群众厌恶的"作秀"一词来说明一些干部喜欢做表面文章的不正之风。习近平总书记还用"鞋子合不合脚,只有穿鞋人自己才知道",说明一个国家的发展道路合不合适,只有这个国家的人民最有发言权;"人生的扣子从一开始就要扣好",形象地阐述青年时期价值观养成的重要性,等等。

三、改进文风同改进党风统一起来

改进文风会风是党风建设的重要内容。把改进文风同改进党风统

---

① 参见周小文:《新一代领导集体执政理念与执政风格》,中共中央党校出版社 2014 年版,第 185 页。

一起来,特别要大力改进会风。党的历史经验证明,文风会风不正的危害极大。如果不良文风会风蔓延开来,那么就会严重损害讲话者、为文者自身的形象,使得党和政府的威信大为降低,造成领导干部严重脱离群众,进而使党的理论、路线、方针、政策在群众中失去吸引力、感召力和影响力。社会上蔓延的不良文风会风,与我们党的性质、宗旨是相背离的,与我们党肩负的历史使命也是相背离的。在新形势下,大力纠正不良文风,积极倡导优良文风,已经成为我们党不断加强和改进作风建设的一项重要而紧迫的任务。

(一)认清不良文风的总根源

2012 年 12 月 4 日,以习近平同志为核心的党中央出台了关于改进工作作风、密切联系群众的八项规定,其中再次提出改进文风会风问题的决心,同时也说明文风会风问题已经严重阻碍机关行政效能建设,严重影响党的作风建设,严重影响干部工作作风。干部群众对文风会风的问题反映强烈,领导干部们疲于应付,有的单位领导经常抱怨"每天都有开不完的会";一般干部们怨声载道,抱怨"领导会议太多,基本上不在办公室";基层群众深恶痛绝,不少群众反映"乡镇领导不是开会,就是出差,想找他们都很难"。

不良文风会风总根源,主要在于形式主义和官僚主义。形式主义和官僚主义的一个重要表现,就是会议太多,会风不正。现在以会议落实会议、以文件落实文件、以讲话落实讲话的现象依然存在,这对文风不正起了推波助澜的作用。① 会议过于频繁、"文山会海"现象、文牍作风、形式主义,给老百姓带来了极大的不便,直接影响了党委政府在群众中的形象,严重影响了党群关系。②

在现实生活中,形式主义泛滥,官僚主义严重,这在文风上表现得

---

① 参见《习近平党校十九讲》,中央党校出版社 2014 年版,第 204 页。

② 参见程丽华:《关于改进文风会风的思考》,《改革与开放》2015 年第 14 期。

非常危险。在文风上，形式主义愈演愈烈。有些领导干部写文章、作报告穿靴戴帽，追求结构工整、标题对仗、提法新奇，不以内容决定文字，而以文字工整来裁剪内容，看起来整整齐齐，实则空洞无物。满足于照搬照转，上传下达，美其名曰"原汁原味"，实际上是以文件落实文件、以讲话落实讲话。模式化、套路化，空洞说教、语言生硬、形式呆板，群众敬而远之。① 比如，有一个地级市，每年编发各类简报达 50 万份以上，最多的一个单位编发 6 种简报；网上曾流传着领导干部讲话的万能模板，"认真领会""深刻理解""贯彻落实""大力推进""齐抓共管"等固定词汇，足以架起一篇千字以上的万能讲话稿。对于类似这样假、大、空的文风，有不少评论者道出了百姓的心声："一百字也嫌长，一分钟也嫌久。"这种"空话连篇，言之无物"的"党八股"文风，对于党的作风建设造成极为不利的影响，可以说是"流毒全党"，"祸国殃民"。②

在文风上，官僚主义四处泛滥。有些领导干部行文讲话居高临下，习惯于以教训人、训斥人、要求人的口气说话，只有"强调""指出""必须"，看不到缘事说理、平等交流。装模作样、装腔作势，用大道理唬人吓人，遇事都讲重要性，讲重要性必列出三五条，自以为是、自得其乐。脱离实际，回避矛盾，表些不咸不淡的态，说些不对不错的话，写些不痛不痒的文，尽是一些正确的废话、好听的虚话，管用的东西少得可怜。③这种大而化之、空话连篇、浮夸虚假的文风，导致了一种假、大、空的话语体系，严重割裂了领导干部与基层群众的话语联系和感情交流。对于这种不良文风的批判和革新，理应成为一种常抓不懈的论题和任务。

以习近平同志为核心的党中央从改进话风、文风、会风开始，率先垂范，以实际行动带头向形式主义和官僚主义"亮剑"。习近平总书记多次强调，空谈误国，实干兴邦，要下决心解决"党内面临贪污腐败、脱离群众、形式主义、官僚主义等问题"，发文报文都要言之有物，不要搞

---

① 参见杨万贵：《刹"四风"须改文风》，《政策》2013 年第 10 期。

② 中共中央宣传部新闻局编：《改文风大家谈》，学习出版社 2013 年版，第 11—12 页

③ 参见杨万贵：《刹"四风"须改文风》，《政策》2013 年第 10 期。

形式主义;王岐山要求领导干部们"不念稿子","要讲实在话","敞开讲,说真话,网上的舆论,包括骂声我们都要听,更何况大家提的各种意见?"李克强对领导干部提出"三不"的要求,即"不要读稿子,不要汇报成绩,更不要表扬政府工作,只说遇到了什么问题"等等。以习近平同志为核心的党中央大力倡导求真务实、真抓实干的作风,并以率先垂范榜样的力量向形式主义和官僚主义"开战",获得了群众的高度评价。

(二)对会议严加规范,提出明确要求

"要改进会风,能不开的会尽可能不开,没准备好的会坚决不开,能合并的会最好合并开,必须开的会也要能短则短,对会议的时限、数量、质量、规格等加以规范,提出明确要求。"①这就对领导干部会风加以明确的规范和要求。习近平同志曾经用一副对联来批评"文山会海"现象,其中上联是"你开会我开会大家都开会",下联是"你发文我发文大家都发文",横批是"谁来落实"。这一副对联是对"文山会海"的讽刺。长期以来,一些部门习惯于靠会议落实会议、靠文件落实文件,不仅不过问会议的效果,也不过问文件的执行情况。党的十八大以来,以习近平同志为核心的党中央把加强作风建设作为工作的重要切入点,制定实施中央八项规定、部署开展党的群众路线教育实践活动,明确要求精简会议活动,切实改进会风,精简文件简报,切实改进文风,"文山会海"的陋习得到较大程度的转变,有力地促进了党风政风转变,提高了我们党在人民群众中的威信。

1.减少会议数量,提高会议质量

为了控制会议数量,各地出台了相关政策。比如,陕西省针对"文山会海",启动治理专项方案,就精简文件、会议、简报等问题制定了具体的整改要求。在精简会议方面,陕西省委常委从减少会议数量、压缩会议时间、控制会议规模方面入手,将每月的第二周定为"无会周";

---

① 《习近平党校十九讲》,中共中央党校出版社2014年版,第204页。

以陕西省委、省政府名义召开的会议,一般只下开一级;省级会议召开的全省性业务工作会议,一般采取电视电话会议形式。山东省规定,就内容相近、时间靠近、与会人员重叠的会议合并套开接续召开。湖北省规定,实行无会月制度,每年农忙季节和防汛抗旱时期,一般不开全省会议。① 广州市 2014 年发布通知,指出会议可以发文部署的工作,就不再召开会议部署;各部门每年召开的全市性会议不超过一次。经过会风文风专项治理,"文山会海"现象获得了较大程度的好转,会议减少减短了,但会议质量提高了,会议更有效了。党员领导干部,尤其是基层的领导干部,能够将更多精力投入到实际工作中,这样就可以有效改变"靠会议落实会议""靠文件落实文件"的现象。②

2. 压缩会议时间

为了控制时间,广州市于 2014 年作出规定,会议议程被要求安排在半天之内,最长也不得超过一天半,市领导一般会议的讲话应控制在 30 分钟之内,一般性活动致辞控制在 10 分钟之内,如会议安排单位代表发言的,不超过 5 人,且每人发言时间不超过 8 分钟。2013 年 1 月 4 日至 7 日,武汉市政协十二届二次会议召开,全程仅仅 4 天,被称为武汉"史上最短政协会议"。此次会议是中央八项规定后武汉市政协召开的第一次会议,会议处处体现简朴、紧凑的会风。尽管会期缩短,但会议议程没有减少,4 天内共安排 32 项活动,整个会议节奏紧凑、内容充实。武汉市有关领导评价这次会议时说:"它输出的正能量很大。"③

3. 控制会议规模

2012 年 12 月 24 日,习近平总书记在中央政治局会议上关于改进工作作风、密切联系群众的讲话中指出:"今后我们开会,不论是中央开工作会议还是到地方开工作会议,一律不摆放花草,反而显得严肃。我们就是开会,不是来赏心悦目的,一定要摆几盆鲜花干什么? 摆得花

---

① 参见梁相斌、祝捷:《八项规定改变中国》,湖北人民出版社 2015 年版,第 153 页。
② 参见梁相斌、祝捷:《八项规定改变中国》,湖北人民出版社 2015 年版,第 180 页。
③ 梁相斌、祝捷:《八项规定改变中国》,湖北人民出版社 2015 年版,第 178 页。

团锦簇的,也是要花很多钱的。如果咱们不摆,层层不摆,一年可以省很多钱。"

广州市于2014年11月发布通知,要求严格控制会议和活动的规模、数量、会期和经费,切实精简会议和活动议程。会议在控制会议规模、会议数量和会议时间上下足了功夫。为了控制会议规模,一般奠基、庆典、剪裁、首发首映式等各类活动,原则上不以市政府的名义举办,也不安排市政府领导出席;以市政府名义召集的全市性会议,与会人员不超过300人,各部门召集的全市性会议,与会人员不超过200人。①

4.加强会议监管

针对"会议超标"、"文件多发"等现象,一些地方和部门还控制了召开会议或文件字数的指标,用量化的方式监管"文山会海"。比如,湖北国税局规定,凡超过1天或20人以上的活动,必须报省局主要领导批准;省局普发类文件不超过2000字,各地报省局的信息控制在300字以内,请示、报告一般控制在2000字以内,简报不超过1500字,调研文章不超过3000字。宁夏回族自治区规定通过媒体公开发文的文件简报不再发文。湖南省规定,内容与已发文件雷同或没有实质内容、可发可不发的,一律不再发文。青海省规定,省委、省政府印发的文件一般不超过3000字,个别重要文件不超过5000字。南京市规定,简报文件用电子文档传送到各地各部门,每期简报总篇幅不超过3000字。②

为了严肃纪律,各地还查处、通报了违反会议、文件规定的典型案例。云南楚雄彝族自治州商务局2013年1月至8月间电子公文发文数量同比增长130.7%,会议数量同比增长100%,会议费用支出同比增长98.3%;楚雄经济开发区管委会2013年1月至8月间电子公文发文数量同比增长630%,楚雄州在州委理论学习中心组2013年第三季度学习会议上,对相关单位进行了通报,并责令认真整改。③

---

① 参见梁相斌、祝捷:《八项规定改变中国》,湖北人民出版社2015年版,第179页。
② 参见梁相斌、祝捷:《八项规定改变中国》,湖北人民出版社2015年版,第153—154页。
③ 参见梁相斌、祝捷:《八项规定改变中国》,湖北人民出版社2015年版,第179页。

(三)创新会议形式

"条件具备,会议可以直接开到基层,多利用现代通信和技术手段召开电视电话会议或者网络会议。"①这就为领导干部如何创新会议形式指明了方向。

1.会议可以直接到基层

直接到基层现场会比较生动、直观、形象,能够有效地改变传统会议形式的沉闷,可以作为改进会风的一个重要举措。在实际工作中,这种现场会也被广泛采用。开现场会的单位一方面可以与与会单位增进感情,另一方面,又可以在现场会上扩大自己的影响。基层现场会,需要各与会单位齐心协力,付出大量时间和精力,在现场会的建设上需要投入一定的会议费、招待费等。鉴于此,开现场会须秉承会风简朴、节约和有效的原则,既要考虑到现场会的质量和效果,又要考虑尽量少给地方基层单位增添过多麻烦。

据在毛泽东身边做拍摄工作的舒世俊回忆说:有一次到基层调查,毛泽东突然问地方官员:"你们信不信上帝?"大家只是鸦雀无声地呆坐着,毛泽东对大家说:"你们不信,我信!"干部们惊呆了,没人吱声。毛泽东望着大家深情地说:"这个上帝是谁? 他就是人民! 谁惹怒了上帝,上帝是不留情面的,他必定要垮台!"其实,任何政治力量、任何政权产生、存在、发展的依据,胜败兴衰的症结,都集中于和人民群众的关系。此即中国古训所谓得民心者得天下,所谓水可载舟亦可覆舟。古今中外,概莫能外。这正像毛泽东所说的,"真正的铜墙铁壁是什么? 是群众,是千百万真心实意地拥护革命的群众。这是真正的铜墙铁壁,什么力量也打不破的,完全打不破的"。

走进企业,参观生产一线,这是 2012 年内蒙古政协十届十八次常委会议改进会议形式、充实会议内容的创新之举。内蒙古政协围绕建言自

---

① 习近平:《习近平党校十九讲》,中央党校出版社 2014 年版,第 204 页。

治区煤炭深加工基地建设的议题,将会场从首府呼和浩特市转移到煤炭基地鄂尔多斯市;常委们走出会议室,来到矿井下,还将走近煤制油、煤制烯烃的生产线。常委们对于这样的会议形式感到新颖、充实,看得兴致勃勃。参会委员们表示:"这次常委会议就像是一次大规模的调研活动,先下矿井、看生产线,之后再坐下来研究探讨问题,相信我们的建言献策一定会避免纸上谈兵,更加贴近实际。"过去提起政协只会想到开会,而这次内蒙古政协会直接开到基层,还有调研、视察这样的工作方式,这样就可以深入生产一线,进而直接把情况带回自治区。为保证会议质量,自治区政协的领导多次主持主席办公会议,研究部署各项工作细节。在对会议形式进行创新时候,自治区政协的领导强调,"将常委会议开到基层去,尝试一下边走边看边研讨的形式,既可以开阔委员视野、提高会议质量,又能够丰富会议内容、提高议政实效"。坐在会议室开会当然是最省事、也最安全的,但为了更好地改进作风,还要进一步创造机会,让领导干部们真正走进一线,听情况、看问题,增加一些感性认识。①

2014 年 8 月 26 日至 27 日,云南省人社厅党组中心组学习暨务虚会议在武定县举行。这次开到社区、村委会及村民家中的会议,务实、接地气。全体参会人员首先来到狮山镇北街社区、武定县人社局、插甸镇政府、哪吐村委会,参会人员实地探访基层服务平台,深入了解当地解决好服务群众"最后一公里"的情况。全体参会人员还入住当地村民家中,进行民情访谈,了解困难听取意见,使调研活动更接地气。调研结束后,全体参会人员在插甸镇社保服务中心会议室集中学习了相关讲话和会议精神,围绕高校毕业生和农民工就业与职业能力建设、统筹城乡社会保障工作及解决服务群众最后一公里问题、人才工作与人力资源开发体系建设等 6 个专题进行了专题研讨。②

---

① 参见张海容:《创新形式 丰富内容:内蒙古政协常委会议走出会议室开到基层》,《人民政协报》2012 年 5 月 29 日。

② 参见《云南省人社厅:中心组学习把会开到基层》,http://www.yn.xinhuanet.com/newscenter/2014-09/01/c_133612179.htm,2014 年 9 月 1 日。

2.利用现代通信和技术等手段,创新会议形式

(1)电视电话会议

针对"文山会海"现象,行政成本增加,行政效率不高等问题,可以考虑推行一种最有效、最有力也能普遍适用的改进方法,即广泛推广电视电话会议。如果将大量日常性的会议搬到电视电话会议上,提高电视电话会议在日常会议中的比重,那么,就不但可以降低行政成本,还可以提升会议效果和效率,有助于加强领导干部与基层部门之间的交流与沟通,最终提升领导干部的工作成效。当然也应该看到,电视电话会议系统需要有合格的软硬件等配套设施。只要坚持并利用好电视电话会议,并全面改进和完善电视电话会议系统,就可以使电视电话会议的便捷性充分发挥出来,进而促进现有的会议模式、习惯的转变和完善。①

(2)网络视频会议

网络视频会议,是一种值得推广的会议形式,它有助于加快信息传播、减少人员流动、提高会议效率、控制"文山会海"现象。如今的网络越来越发达,充分利用网络视频会议,可以减少时间和空间上的开会成本。如果不是特别重要的会议,都可以采用网络视频会议。网络视频会议实现了会议的可视可听,各视频会场可以通过电话、网络等途径将与会人员提出的建议向上一级反映,还可以实现主会场与各视频会场的双向实时传输和交流互动。比如,2013年8月2日,黑龙江省远程教育工作网络现场推进会议在哈尔滨召开,全省约7万人通过网络收看会议。此次现场会是省委组织部在党的群众路线教育实践活动中,边学习、边查摆、边整改,本着厉行节约注重实效的原则,将原来行程千里实地考察6个观摩点的全省远程教育工作现场会,改成网络视频推进会。利用现代远程教育技术手段,将现场搬到网上,实现与会人员通过网络看现场。黑龙江省各级党委组织部门和基层党组织充分利用现代

---

① 参见金真:《改进机关会风　普及视频会议》,《秘书》2011年第11期。

技术手段,开展了各具特色的党员教育活动,取得了明显成效。远程教育平台的承载能力得到增强,农村党员干部素质得到了提升,并且在全省形成了多部门协同抓党员教育工作的合力,促进了农村党建工作方式的转变。①

（3）"微会议"

现在"微信"非常普及,利用"微信"开会,主要是利用"微信"平台能够将声音、文字、图片等信息迅速传递的优势。这种"微会议"可以赢得与会人员的"点赞",是一种形式新颖、方便快捷、值得推广的会议形式。但这种"微会议"适合主题式、讨论式的会议形式,一些比较严肃的工作任务分配还是应该进行现场会议。

（四）活跃党内生活,创造宽松环境

"改进文风会风,要努力活跃党内生活,扩大党内民主,大力倡导独立思考的风气,创造鼓励讲真话、提倡讲新话的宽松环境。"②这里从政治生态和环境的角度对领导干部改进文风会风提出了明确要求。

1. 活跃党内生活,扩大党内民主

造成生动活泼的政治局面是党内生活和国家政治生活的重要目标。生动活泼政治局面的重要思想是中国共产党在不断深化对民主集中制认识的基础上逐步酝酿出来的。早在1937年4月,中共中央就在《告全党书》中提出:"共产党的内部生活,亦应根据各地的不同环境,采取具体方法使之活跃起来。党内民主性的扩大,自我批评的发展,集中领导的建立,都成为活跃党内生活的主要条件。"③1938年10月,毛泽东在扩大的党的六届六中全会上所作的《中国共产党在民族战争的地位》的报告中专门论述了党内民主问题,指出:"扩大党内民主,应看

---

① 参见《省委组织部在群众路线活动中创新会议形式》,http://heilongjiang.dbw.cn/system/2013/08/02/054954325.shtml,2013年8月2日。
② 习近平:《习近平党校十九讲》,中央党校出版社2014年版,第204页。
③ 中央档案馆馆编:《中共中央文件选集》第11册,中共中央党校出版社1991年版,第203页。

做是巩固和发展党的必要的步骤,是使党在伟大斗争中生动活泼,胜任愉快,生长新的力量,突破战争难关的一个重要武器。"①1957年2月,毛泽东在《关于正确处理人民内部矛盾的问题》的讲话中对民主和集中、自由和纪律的关系作了精辟的论述。他指出:"在人民内部,民主是对集中而言,自由是对纪律而言……不可以没有自由,也不可以没有纪律;不可以没有民主,也不可以没有集中,就是我们的民主集中制。"②毛泽东还指出:"我们的目标,是想造成一个又有集中又有民主,又有纪律又有自由,又有统一意志、又有个人心情舒畅、生动活泼,那样一种政治局面,以利于社会主义革命和社会主义建设。"努力造就生动活泼的政治局面,不仅为此后几代党的领导人所肯定和倡导,而且还被写进党章,成为中国共产党人孜孜以求的政治理想和政治目标。

　　1978年12月,邓小平在中共中央工作会议上发表《解放思想,实事求是,团结一致向前看》的重要讲话,在讲话中,邓小平指出:"这一次恢复和发扬了党内民主传统……这些都是党内生活的伟大进步,对于党和人民的事业将起巨大的促进作用。"③邓小平认为,毛泽东提出的那种政治局面是在1978年逐渐形成的,"这个情况,特别集中地体现在我们党刚刚开过的中央工作会议和十一届三中全会上。这种风气和局面概括起来就叫作生动活泼的政治局面。"④1992年10月,江泽民在党的十四大报告中再次重申:"我们的目标,仍然是努力造成一个又有集中又有民主,又有纪律又有自由,又有统一意志、又有个人心情舒畅、生动活泼,那样一种政治局面。"⑤胡锦涛同志在继承生动活泼的政治局面有关思想的基础上,提出了党内和谐的思想,要求各级党委"坚持和完善民主集中制,扩大党内民主,推进党务公开,严格党内生活,严肃

---

① 《毛泽东选集》第二卷,人民出版社1991年版,第529页。
② 《毛泽东文集》第七卷,人民出版社1999年版,第209页。
③ 《邓小平文选》第二卷,人民出版社1994年版,第140—141页。
④ 《邓小平文选》第二卷,人民出版社1994年版,第154—155页。
⑤ 《江泽民文选》第一卷,人民出版社2006年版,第250—251页。

党的纪律,增进党的团结统一,以党内和谐促进社会和谐"。①

生动活泼的政治局面,首先要从党内造成。邓小平对此做过精辟的论述:其一,严格执行党章的规定,一定要按照传统,按照党章的规定,建立党员与党的正确关系;其二,领导干部要带头发扬党的优良传统,领导干部的威信建立在思想、工作、言论的正确上,建立在民主作风上,建立在批评和自我批评的作风上。邓小平特别强调首先肯定党的会议、党内生活造成了生动活泼的政治局面的基础上,把这种良好的风气扩大到全军全国人民中去。习近平总书记也多次强调营造一个良好从政环境、重构政治生态的思想,他指出:要做好各方面工作,必须有一个良好的政治生态……要突出领导干部这个关键,教育引导各级领导干部立正身、讲原则、守纪律、拒腐蚀,形成一级带一级、一级抓一级的示范效应,积极营造风清气正的从政环境。② 努力营造积极向上、干事创业、风清气正的良好政治生态,着力净化政治生态,营造廉洁从政的良好环境。

2. 大力倡导独立思考的风气

在当今的领导活动领域中,盲从现象可谓屡见不鲜。领导活动领域盲从现象的存在,对党风文风造成严重的不良影响:盲从思想背弃实事求是精神,导致照搬照抄现象出现,进而使得领导干部丧失开拓创新的能力。具有盲从思想的人,总是不能从实际出发,往往拘泥于"本本",拘泥于领导,迷信权威,迷信传统的习惯和旧有的模式,一切照搬照抄,没有勇气来根据新情况、新问题提出新的创见和方法。这样的盲从者,总是不愿思考、不会思考、不敢思考。正如拉丁美洲谚语:"不会思考的人是白痴,不肯思考的人是懒汉,不敢思考的人是奴隶。"

如何避免领导活动领域中的盲从现象,这就需要大力培养各级领

---

① 中共中央文献研究室:《十六大以来重要文献选编》(下卷),中央文献出版社 2008 年版,第 669 页。
② 参见《习近平李克强张德江刘云山分别参加全国人大会议一些代表团审议》,《人民日报》2015 年 3 月 10 日。

导干部的"独立思考"精神,倡导独立思考的风气。独立思考的风气是改进党风文风的必然选择。独立思考,才能克服教条主义,思想才不会僵化。毛泽东同志曾经形象地要求:"教条主义必须休息,而代之以新鲜活泼的、为中国百姓所喜闻乐见的中国作风和中国气派。"温家宝同志曾多次强调要"独立思考"。2009 年 11 月 11 日,在纪念国务院参事室成立 60 周年的座谈会上,温家宝同志强调:"要提倡独立思考、敢讲真话,反对人云亦云、照抄照转。"温家宝同志对"政府参事室"的希望,也是对我们各级领导干部的希望。当前,如何大力倡导独立思考的风气呢?

第一,领导干部要培养质疑的意识。"学起于思,思起于疑。"只有敢于疑问,才能激发探究的欲望。古人云:"大疑则大悟,小疑则小悟,不疑则不悟。"如果不善于质疑,只是一味地相信和盲从,自然就不会有什么独到的见解。第二,要清除怠惰的因子。我们中华民族向来以勤劳著称,但我们的头脑中也有怠惰的因子。这种怠惰的因子虽然有先天的遗传,而更多地是由话语霸权造成的。这里的话语霸权,指的是由某些机构、某些人或个人垄断着话语的权力,别人只能唯命是从、俯首听命,没有提出意见的资格,没有说话的机会。在现实领导活动中,下级习惯于接受上级领导现成的命令,不去坚持自己的独立思考,习惯于接受上级领导现成的经验,自己不去做客观分析。第三,养成勤于思考的习惯。在实际工作中,许多领导干部每天忙于具体事务工作,很少能够腾出时间来进行独立思考。这样长期发展下去,根本没有自己的独立思考,结果遇到问题时候,没有主见,只能人云亦云。第四,还要营造独立思考的环境。创造一种包容、宽松、愉快、自由、民主的环境,是独立思考的重要保障。在这样的环境中,领导干部才能够更好地独立思考,敢于独立思考,敢于提出独立的见解,而不是盲从领导,迷信权威,人云亦云,亦步亦趋。①

---

① 参见刘玉瑛:《与领导干部谈作风》,新华出版社 2013 年版,第 47—50 页。

3. 创造鼓励讲真话、提倡讲新话的宽松环境

不讲真话讲假话的不良风气曾一度盛行。不仅有的百姓说假话，就连一些领导干部也假话连篇。"村骗乡，乡骗县，一级一级往上骗，一直骗到国务院。"民间这段具有讽刺意味的顺口溜，很逼真地反映了一种真实存在的社会现象。这种说假话、欺上瞒下的现象给党风文风造成极大的危害。对于说假话，我们党历来是深恶痛绝的。早在1945年4月，毛泽东同志就说过："要讲真话，不偷、不装、不吹。偷就是偷东西，装就是装样子，猪鼻子里面插大葱——装象，吹就是吹牛皮。"1959年，毛泽东同志又告诫全党："一切大话、高调，切不可讲，讲就是十分危险的。"邓小平也反复强调："要敢讲真话，反对说假话，不务虚名，多做实事。"江泽民同志将"坚持说老实话、办老实事、做老实人"作为对全体党员，首先是各级领导干部的基本要求，提到了全党面前，并在党的十四大报告中指出："在党内生活中发扬讲真话不讲假话、言行一致的优良作风。"①胡锦涛同志也要求全党同志要讲真话，讲实话，以诚实守信为荣。2012年5月16日，习近平同志在中央党校春季学期第二批入学学员举行开学典礼上的讲话中强调，领导干部要敢于讲真话，他说："讲真话是一个领导干部真理在身、正义在手和有公心、有正气的重要体现。"

我们提倡讲真话，讲实话，讲新话，是因为领导干部如果说假话、说倒退的话，就会带坏社会风气、破坏党执政的公信力、丧失党执政的凝聚力，进而严重危害党的执政基础。正如毛泽东同志所言："爱讲假话的人，一是害民，二是害己，总是吃亏。"如果假话盛行，并没能够得到有效的遏制，那么就会危及党和国家的命运。我们党的各级领导干部必须讲真话、讲新话，不讲假话、不讲旧话。

如何才能做到讲真话，讲新话？首先，听真话是前提。1962年2月2日，周恩来总理在中共中央扩大的工作会议福建组会的讲话中指

---

① 《江泽民文选》第一卷，人民出版社2006年版，第250—251页。

出："要大家讲真话，首先要领导上喜欢听真话，反对假话。"习近平同志曾说过，讲真话，前提是要听真话。听真话是一种智慧。人民只有在那些愿意听真话、能够听真话的人面前，才敢讲真话，愿意讲真话，乐于讲真话。第二，要培养讲真话的勇气和魄力。现实中，有些地方、有些单位，人们习惯于看领导的眼色行事，习惯于揣摩领导的心思说话。长期在这种环境下，讲话是非常苦难的，是需要勇气和魄力的。要培养这种勇气和魄力，必须坚持党性原则，必须坚持诚信的道德品质，必须保持求真务实的工作作风，必须怀有对党和人民负责的态度。领导干部不仅要喜欢听真话、新话，也要带头讲真话，讲新话。毛泽东同志在《整顿党的作风》一文中指出："只要我们党的作风完全正派了，全国人民就会跟我们学。"邓小平同志也曾经指出："党是整个社会的表率，党的各级领导同志又是全党的表率"，因此"领导干部，特别是高级干部以身作则非常重要。群众对干部总是要听其言、观其行的"。①

---

① 《邓小平文选》第二卷，人民出版社 1994 年版，第 177、124 页。

后　记

党的历史经验证明,文风不正,危害极大。不良文风蔓延开来,不仅损害讲话者、为文者自身形象,也降低党的威信,导致干部脱离群众,群众疏远干部,使党的理论和路线方针政策在群众中失去吸引力、感召力、亲和力。新时代领导干部怎样树立新的文风? 习近平总书记对此也作了深刻的论述。受人民出版社之邀,本书以习近平总书记关于改进文风的重要论述为指导,着重阐述新时期怎样树立新的面目可亲而不是面目可憎的新文风。

本书由中央党校(国家行政学院)科研部副主任、教授、博导洪向华设计提纲、组织编写、统筹稿件,中央党校和全国部分地方党校,北京高校的青年教师参加本书的编写工作。各章节具体分工如下:第一章,史为磊,中国社会科学院大学马克思主义学院副教授;第二章,张全峰,兵团党校哲学部主任、教授;第三章,李跃华,中央党校(国家行政学院)进修二部二级巡视员;第四章,彭劲松,中央党校(国家行政学院)哲学部教授;第五章,洪向华、柴小君[中央党校(国家行政学院)统一战线教研部讲师];第六章,史为磊。

　　由于时间仓促,能力有限,有些错误在所难免,有些内容也需要进一步完善。在写作的过程中,本书参考了大量的著作、论文,未能一一列举出来,一并对业内同行表示感谢。

　　张莉莉、崔玉田、赵婕、杨润聪、张扬等同志在收集资料等方面做了不少工作,一并表示感谢。

　　人民出版社马列编辑一部洪琼主任等同志做了很多具体工作,给出了非常宝贵的建议。在此,对他们的辛勤劳动表示感谢。

洪向华

2025 年 3 月

责任编辑:洪　琼

版式设计:顾杰珍

图书在版编目(CIP)数据

领导干部新文风/洪向华 主编. —北京:人民出版社,2017.5(2025.3 重印)

ISBN 978-7-01-017461-7

Ⅰ.①领… Ⅱ.①洪… Ⅲ.①文风-干部教育-学习参考资料 Ⅳ.①H051

中国版本图书馆 CIP 数据核字(2017)第 051581 号

领导干部新文风

LINGDAO GANBU XINWENFENG

洪向华　主编

人民出版社 出版发行

(100706　北京市东城区隆福寺街 99 号)

北京汇林印务有限公司印刷　新华书店经销

2025 年 3 月第 2 版　2025 年 3 月北京第 1 次印刷

开本:710 毫米×1000 毫米 1/16　印张:11.25

字数:200 千字　印数:13,001-18,000 册

ISBN 978-7-01-017461-7　定价:49.00 元

邮购地址 100706　北京市东城区隆福寺街 99 号

人民东方图书销售中心　电话 (010)65250042　65289539